Gerold Gizycki

Total Quality Management

Eine Chance für Unternehmen im Baugewerbe

Diplomica Verlag GmbH

Gizycki, Gerold: Total Quality Management: Eine Chance für Unternehmen im
Baugewerbe. Hamburg, Diplomica Verlag GmbH 2013

Buch-ISBN: 978-3-8428-9384-9
PDF-eBook-ISBN: 978-3-8428-4384-4
Druck/Herstellung: Diplomica® Verlag GmbH, Hamburg, 2013

Bibliografische Information der Deutschen Nationalbibliothek:
Die Deutsche Nationalbibliothek verzeichnet diese Publikation in der Deutschen
Nationalbibliografie; detaillierte bibliografische Daten sind im Internet über
http://dnb.d-nb.de abrufbar.

Das Werk einschließlich aller seiner Teile ist urheberrechtlich geschützt. Jede Verwertung
außerhalb der Grenzen des Urheberrechtsgesetzes ist ohne Zustimmung des Verlages
unzulässig und strafbar. Dies gilt insbesondere für Vervielfältigungen, Übersetzungen,
Mikroverfilmungen und die Einspeicherung und Bearbeitung in elektronischen Systemen.

Die Wiedergabe von Gebrauchsnamen, Handelsnamen, Warenbezeichnungen usw. in
diesem Werk berechtigt auch ohne besondere Kennzeichnung nicht zu der Annahme,
dass solche Namen im Sinne der Warenzeichen- und Markenschutz-Gesetzgebung als frei
zu betrachten wären und daher von jedermann benutzt werden dürften.

Die Informationen in diesem Werk wurden mit Sorgfalt erarbeitet. Dennoch können
Fehler nicht vollständig ausgeschlossen werden und die Diplomica Verlag GmbH, die
Autoren oder Übersetzer übernehmen keine juristische Verantwortung oder irgendeine
Haftung für evtl. verbliebene fehlerhafte Angaben und deren Folgen.

Alle Rechte vorbehalten

© Diplomica Verlag GmbH
Hermannstal 119k, 22119 Hamburg
http://www.diplomica-verlag.de, Hamburg 2013
Printed in Germany

Inhaltsverzeichnis

Abkürzungsverzeichnis 2
Abbildungsverzeichnis 4
Tabellenverzeichnis 5
Vorwort 6
1   Problemstellung, Zielsetzung und Aufbau der Arbeit 8
2   Qualität und TQM 12
    2.1 Qualität - Begriff und Definition 13
        2.1.1   Allgemeine Sichtweisen der Qualität 14
        2.1.2   Spezielle Sichtweise der Qualität 17
        2.1.3   Maslow und die Qualität 20
    2.2 Qualitätsmanagement - Begriff und Definition 22
        2.2.1   Entwicklungsstufen des QM 23
        2.2.2   Bestandteile des QM 24
    2.3 Qualitätsmanagementsystem - Begriff und Definition 27
    2.4 TQM - Ein erweitertes prozessbasiertes QMS 28
        2.4.1   Die TQM Grundelemente 29
        2.4.2   Grundgedanke und Philosophie des TQM 30
        2.4.3   Vergleich QM und TQM 40
    2.5 Acht Grundsätze zur Leistungsverbesserung 42
        2.5.1   Kundenorientierung 43
        2.5.2   Führung 46
        2.5.3   Einbeziehung der Mitarbeiter 49
        2.5.4   Prozessorientierter Ansatz 51
        2.5.5   Systemorientierter Managementansatz 54
        2.5.6   Ständige Verbesserung 55
        2.5.7   Sachbezogener Ansatz zur Entscheidungsfindung 60
        2.5.8   Lieferantenbeziehung zum gegenseitigen Nutzen 60
    2.6 Wirtschaftlichkeit von TQM 62
    2.7 Gründe für die Einführung von TQM im Bauunternehmen 64
    2.8 TQM im Bauwesen - Überlegungen zur praktischen Anwendbarkeit . 71
3   Resümee 73
Literaturverzeichnis 77

Begriffe wie „Mitarbeiter", „Führungskraft", „Vorgesetzte" u.ä. beziehen sich zugunsten des Leseflusses immer auf beide Geschlechter, auch wenn dies nicht explizit angeführt wird.

Abkürzungsverzeichnis

Abb.	Abbildung
AN	Auftragnehmer
akt.	aktualisierte
bzgl.	bezüglich
bzw.	beziehungsweise
ca.	circa
DIN	Deutsches Institut für Normung e.V.
d.h.	das heißt
durchg.	durchgesehene
EFQM	European Foundation for Quality Management
einschl.	einschließlich
EN	Euronorm
erw.	erweiterte
etc.	et cetera (lat. für „und so weiter")
et al.	und andere
f.	folgend
ff.	fortfolgend
FMEA	Fehlermöglichkeits- und Einflussanalyse
ISO	International Organization for Standardization
Kap.	Kapitel
KMU	Kleine und mittlere Unternehmen
KVP	Kontinuierlicher Verbesserungsprozess
Nr.	Nummer
o.J.	ohne Jahr
o.S.	ohne Seite
ÖNORM	Österreichische Norm
PR	Public Relations
QFD	Quality Function Deployment
QM	Qualitätsmanagement
QMS	Qualitätsmanagementsystem
s.	siehe
S.	Seite
sog.	sogenannte
SPC	Statistical Process
TPM	Total Productive Maintenance
TQM	Total Quality Management

u.	und
unw.	unwesentlich
usw.	und so weiter
u.ä.	und ähnliche
überarb.	überarbeitete
ver.	veränderte
verb.	verbesserte
vgl.	vergleiche
voll.	vollständig
z.B.	zum Beispiel

Abbildungsverzeichnis

Abb. 1	Bauqualität und Prozessqualität	18
Abb. 2	Bedürfnispyramide nach Maslow	21
Abb. 3	Entwicklungsstufen des Qualitätsmanagements	23
Abb. 4	Deming´sche Reaktionskette	32
Abb. 5	Erweitertes Modell eines prozessorientiertes QMS	34
Abb. 6	Teilprozesse des Beschaffungsprozesses	38
Abb. 7	Internes Kunden-Lieferanten-Verhältnis in der Wertschöpfungskette	45
Abb. 8	Verknüpfung von Prozesseigenschaften und Unternehmenserfolg	53
Abb. 9	Deming Zyklus	57
Abb. 10	Wirtschaftlichkeitssteigerung durch QM	62
Abb. 11	Wirtschaftlichkeitsziele und TQM	63
Abb. 12	Schadensursachen im österreichischen Baugeschehen	69
Abb. 13	Probleme bei Veränderungsprozessen	76

Tabellenverzeichnis

Tab. 1	Qualitätsrelevante Interessen	14
Tab. 2	Bestandteile des QM	24
Tab. 3	Zehnerregel	26
Tab. 4	Gründe für Qualitätssicherung	26
Tab. 5	Interessierte Parteien - Erfordernisse und Erwartungen	30
Tab. 6	Vergleich der QM-Konzepte	41
Tab. 7	Kostenvergleich von Vertrauenskultur und Misstrauenskultur	48
Tab. 8	Auswirkungen der ständigen Verbesserung	57

Vorwort

Qualitätsmanagement im Bauwesen hat sich im Laufe der Zeit zu einem absoluten „Muss" entwickelt. Es erlaubt Unternehmen, trotz ständig steigender Anforderungen, wirtschaftlich erfolgreich am Markt bestehen zu können (vgl. Quality Austria 2011: 104).

Eine schwieriger werdende Marktsituation, die Stagnation der Wirtschaft, höher werdender Konkurrenz- und Preisdruck, komplexer werdende Prozesse und nicht zuletzt immer qualitätsbewusstere Bauherren stellen für jedes Bauunternehmen eine zunehmende Herausforderung dar sich am Markt zu behaupten, sowie dem nationalen Wettbewerb standzuhalten. Bauunternehmen, wie auch alle anderen Unternehmen, stehen vor der Tatsache, dass ein gewinnbringender Absatz ihrer Dienstleistungen und Produkte nur dann gelingen wird, wenn Preis, Beschaffenheit und Lieferzeit/Bauzeit einen Kaufanreiz für den Kunden bieten (vgl. Masing 2007: 5). Daneben müssen auch die Anforderungen der Mitarbeiter und aller interessierten Parteien berücksichtigt werden. Ein Bauunternehmen sollte sich immer fragen, ob die Leistungen termingerecht und kostengünstig erbracht werden, die Kunden und Mitarbeiter zufrieden sind, ein positives Image innerhalb der Branche und gegenüber den Kunden vermittelt wird, Gewinn erwirtschaftet wird und ob die Bauausführung dem Stand der Technik entspricht.

Unternehmensleitungen sind gefordert sich vom reinen „Lamentieren" über die aktuelle angespannte, schwierige Situation abzuwenden und mit der aktiven Gestaltung der Unternehmensführung zu beginnen, denn „Qualitätsmanagement ist Unternehmensführung" (Masing 2007: V).

Die Literatur beschreibt die verschiedensten Unternehmensstrategien, um erfolgreich am Markt bestehen zu können. Allen diesen Strategien gemeinsam ist jedoch, dass ein Unternehmen in der Lage sein muss die Kundenanforderungen zu analysieren, zu wissen, welche Prozesse zu einem kundengerechten Produkt beitragen, wie Unternehmensprozesse und -abläufe fehlerfrei beherrscht werden und letztendlich die Kundenzufriedenheit zu erhöhen.

TQM bietet sich hier als umfassende Unternehmensstrategie an.

1 Problemstellung, Zielsetzung und Aufbau des Buches

Wie auch andere Branchen ist die Baubranche durch einen hohen Wettbewerb gekennzeichnet. Jeder Baumeister kann Häuser planen und errichten, und es gibt immer mehr Fertigteilhauserzeuger, die auf den Markt drängen. Bauherren erwarten „Null-Fehler"-Produkte, die zu geringsten Kosten realisiert werden sollen sowie eine immer schnellere Fertigstellung ihrer Häuser, da es sich bei einem Hausbau in der Regel um die größte Investition in ihrem Leben handelt.

In vielen KMU des Baugewerbes ist das Bewusstsein für Qualität in all seine Facetten nicht oder nur unzureichend ausgeprägt und weder QM noch TQM spiele eine Rolle. Gerade wenn es Unternehmen schaffen sowohl im Rahmen des Personals als auch wirtschaftlich zu wachsen, wird es seitens der Unternehmensleitungen immer wieder verabsäumt auch die Unternehmensstrukturen, -abläufe und -prozesse an die gestiegenen Erfordernisse und das Unternehmenswachstum anzupassen.

Für neue Mitarbeiter und insbesondere wenn eine hohe Mitarbeiterfluktuation vorliegt, ist es notwendig, dass die Möglichkeit vorhanden ist, auf eine systematische und geordnete Dokumentation zurückgreifen zu können, um sich die notwendigen Informationen über Abläufe, Regelungen, Vereinbarungen mit Subunternehmern und Vorgehensweisen (Kundenreklamationen, Bestellungen, Rechnungslegung, usw.) zu beschaffen. Wenn diese Möglichkeit nicht besteht, sind die neuen Mitarbeiter immer auf fehler- und mangelhafte mündliche Einschulungen angewiesen. Je nachdem, welche Person die Einweisung durchführt, werden natürlicherweise auch die Informationen differenziert weitergegeben. Dies kann soweit führen, dass neue Mitarbeiter über, für sie relevante, Teilbereiche im Extremfall keinerlei Informationen und wenn doch, dann Fehlinformationen haben.

Es ist daher notwendig eine konsequente, qualitativ hochwertige Dokumentation der Bauvorhaben zu erstellen und diese auch zu gewährleisten (vgl. Schwerdtner 2005: 2 f.). In der Praxis erfolgen Abnahmen und Übergaben einzelner Gewerke regelmäßig nur ungenau, Abnahmeprotokolle sind oft nicht vorhanden. Bereits Aufträge weisen Fehler und Unklarheiten auf und mündliche Vereinbarungen mit Bauherren werden nicht im Auftrag vermerkt. Das Resultat sind Unstimmigkeiten und Nacharbeiten. Wenn auch der Bauherr selbst Leistungen erbringt, erfolgt die Schnittstellengestaltung häufig unzureichend und die Kommunikation bleibt auf der Strecke. Diese und noch andere Faktoren bilden den Nährboden für Konflikte mit den Bauherren aber auch innerhalb der Unternehmen. Verschärfend wirkt, dass immer mehr Bauvorhaben nicht ohne Streitigkeiten zwischen den Vertragsparteien abgewickelt werden können.

Die Folgen dieser Versäumnisse wirken sich zunehmend negativ auf die Unternehmen und deren Mitarbeiter aus (Verantwortungen sind nicht klar geregelt, Mitarbeiter sind nicht übermäßig motiviert). Es kommt zu Fehlern bei den internen und externen Prozessen (falsche Bestellungen, falsche Lieferungen, falsche Pläne, fehlerhafte Rechnungsstellung, usw.), wodurch auch die Bauausführung und die Zufriedenheit der Bauherren betroffen sind (z.B. wird es schwierig mit Bauherren vereinbarte Endtermine einzuhalten, wenn Terminverzögerungen innerhalb der Bauabschnitte auftreten). Die Behebung dieser Fehler verursacht teilweise nicht unerhebliche Folgekosten.

Dieses Buch setzt vor der Entscheidungsphase für die Einführung von TQM an. Es soll Unternehmensleitungen ein grundlegendes Verständnis für Qualität und TQM vermitteln sowie als Entscheidungshilfe für solch ein Managementkonzept dienen. Unternehmensleitungen stehen vor der Herausforderung ihr Managementsystem an die gesteigerten Erfordernisse anzupassen und sollen davon überzeugt werden, das die landläufige Meinung „die Einführung eines QMS wäre zu kostspielig und zu zeitaufwendig" nicht zutrifft.

Zentrales Thema dieses Buches ist Qualität und TQM als umfassendes QMS mit seinen Grundsätzen und seinen Wirtschaftlichkeitsaspekten für das Unternehmen. Ziel ist es darzulegen, welche Gründe für die Einführung von TQM in einem Unternehmen sprechen, warum die Einbeziehung aller interessierten Parteien in die Betrachtungen notwendig ist und welchen Nutzen Unternehmen und alle Interessenpartner aus TQM ziehen können. Unternehmensleitungen sollen für TQM sensibilisiert werden und ein Verständnis dafür erlangen, dass TQM eine Unternehmensphilosophie ist, die auch Einzug in die gesamten Unternehmensprozesse halten muss. Um dies zu erreichen, wird ein Praxisbezug innerhalb der Kapitel hergestellt. Mit diesem Buch soll klargestellt werden, dass Qualität nicht von selbst kommt, sondern dazu Anstrengungen notwendig sind die sich jedoch auch lohnen. Aufgrund der Ausführungen sollen sich die Entscheidungsträger ein Bild über TQM machen und entscheiden können, ob weitere Bemühungen zur TQM-Einführung unternommen werden.

Dieses Buch orientiert sich an den Inhalten der Normenreihe der „DIN EN ISO 9000-Familie", da diese die Grundlage für ein QM und somit auch für TQM darstellt. TQM seinerseits kann als Basis für eine beabsichtigte Zertifizierung betrachtet werden.

Die Einleitung in diesem Kapitel stellt mit der Beschreibung der Problemstellung, der Zielsetzung und dem Aufbau des Buches die Einführung in das Thema dar.

Das zweite Kapitel ist der Qualität und dem Qualitätsmanagement gewidmet und beschäftigt sich mit den notwendigen begrifflichen Definitionen bezüglich Qualität, QM, QMS und TQM. In weiterer Folge werden die Grundelemente sowie der Grundgedanke und die Philosophie die hinter TQM stehen erläutert und ein Vergleich von QM und TQM angestellt. Ausführlich werden die zu beachtenden Grundsätze, die im Rahmen von TQM die elementaren Größen zur Leistungsverbesserung darstellen, behandelt und exemplarische Gründe angeführt, warum TQM für ein Bauunternehmen wichtig ist. Die Grundsätze sind bewusst entsprechend der „DIN EN ISO 9000-Familie" gegliedert, da es zum einen verschiedenste Abwandlungen der Grundsätze gibt (z.B. EFQM), zum anderen Firmen die im Bauwesen tätig sind, das Arbeiten mit Normen erfahrungsgemäß bevorzugen. Den Schluss des Kapitels bilden Ausführungen zur Wirtschaftlichkeit von TQM und Überlegungen zur praktischen Anwendbarkeit im Bauunternehmen.

Das dritte Kapitel bildet als Resümee den Schluss des Buches mit einem kurzen Ausblick auf die zukünftige Entwicklung von QM zur Unternehmensqualität sowie der Darstellung von Problemen im Zuge von Veränderungsprozessen.

„Unternehmen, die zukünftig nicht in der Lage sind, die Fähigkeit aufzubauen, ihre Kunden zu begeistern, sollten lieber sofort schließen - schließlich spart das zumindest Zeit und dem Kunden eine Menge Ärger. Letztlich bringen nur begeisterte Kunden auch ihre Freunde mit"
(Deming (zitiert in Hummel, Malorny 2011: 42)).

2 Qualität und TQM

Bevor man über TQM sprechen kann, müssen sich alle Beteiligten darüber im Klaren sein, was unter den Begriffen Qualität, QM und QMS verstanden wird. Diese Begriffe werden in der Fachliteratur immer wieder differenziert dargestellt. Neben verschiedensten Definitionen aus der Fachliteratur bezieht sich diese Arbeit auf die Definitionen aus den Normen der aktuell gültigen „DIN EN ISO 9000-Familie". Diese Normen bieten einen allgemeingültigen Ansatz, stellen den derzeit gültigen Stand der Technik dar und sind in die nationale Normierung aufgenommen worden.

Die „DIN EN ISO 9000-Familie" setzt sich aus nachfolgenden Normen zusammen:
- DIN EN ISO 9000:2005: Qualitätsmanagementsysteme - Grundlagen und Begriffe
- DIN EN ISO 9001:2008: Qualitätsmanagementsysteme - Anforderungen
- DIN EN ISO 9004:2009: Leiten und Lenken für den nachhaltigen Erfolg einer Organisation - Ein Qualitätsmanagementansatz

Die DIN EN ISO 9000:2005 bezieht sich ausschließlich auf die Grundlagen eines QMS und die in der „DIN EN ISO 9000-Familie" verwendeten Begriffe. In der DIN EN ISO 9001:2008 werden acht Mindestanforderungen an ein QMS dargestellt und beschrieben auf die im Kap. 2.5 näher eingegangen wird. Die DIN EN ISO 9004:2009 stellt sich als Anleitung für eine TQM-Einführung dar und enthält unter anderem Hilfsmittel zur Selbstbewertung des Unternehmens in Bezug auf die acht Grundsätze des TQM.

Da die Definitionen der zurückgezogenen „DIN EN ISO 8402:1994 Qualitätsmanagement - Begriffe" zum besseren Verständnis beitragen und als Erläuterungen der teilweise abstrakten Definitionen der „DIN EN ISO 9000-Familie" gesehen werden können, werden, soweit vorhanden, auch die entsprechenden Definitionen dieser Norm angeführt.

2.1 Qualität - Begriff und Definition

Qualität ist im täglichen Sprachgebrauch immer von der jeweiligen Sichtweise des Betrachtenden abhängig. Überwiegend werden Kunden Qualität entsprechend der „Allgemeinen Sichtweisen der Qualität" nach Kap. 2.1.1 wahrnehmen.

Die inzwischen zurückgezogene und durch die DIN EN ISO 9000:2005 ersetzte DIN EN ISO 8402:1994 umschreibt Qualität als die „Gesamtheit von Merkmalen (und Merkmalswerten) einer **Einheit** .. bezüglich ihrer Eignung, festgelegte und vorausgesetzte Erfordernisse zu erfüllen" (DIN EN ISO 8402 1995: 9). Einheiten beziehen sich dabei auf Produkte, Prozesse und Systeme.

Mit der DIN EN ISO 9000:2005 wurde der Qualitätsbegriff allgemeingültig definiert und als „Grad, in dem ein Satz inhärenter **Merkmale** .. **Anforderungen** .. erfüllt" beschrieben (DIN EN ISO 9000 2005: 18). Inhärente Merkmale beschreiben dabei die Beschaffenheit einer Einheit.

Für das Bauwesen ist in Bezug auf den Kunden und durch die Zusammenarbeit mit fachspezifischen, interessierten Parteien die zusätzliche Betrachtung des Begriffs „Bauqualität" wie in Kap. 2.1.2 dargestellt sinnvoll. Nach der „ÖNORM B 1801-3 Bauprojekt- und Objektmanagement, Planungskennzahlen" wird Bauqualität wie folgt definiert: „Sammelbezeichnung von Merkmalswerten für Material, Energie, Biologie und Ökologie bezüglich ihrer Eignung, objektbezogen festgelegte und allgemein übliche Erfordernisse zu erfüllen" (ÖNORM B 1801-3 1999: 3).

Unabhängig von der Qualitätsbetrachtung, baut ein effektives QM darauf auf, dass alle Organisationsmitglieder und alle interessierten Parteien ein identisches Qualitätsverständnis besitzen (vgl. Herrmann, Fritz 2011: 27). Die nachfolgenden Kapitel stellen einen Überblick über die anerkannten Sichtweisen von Qualität und Bauqualität dar.

2.1.1 Allgemeine Sichtweisen der Qualität

„Qualität verkörpert die Übereinstimmung der Beschaffenheit eines Produkts oder einer Dienstleistung mit den Forderungen bzw. Erwartungen des Kunden, welche von diesem stets im Vergleich zu konkurrierenden Produkten und Dienstleistungen bewertet werden" (Masing 2007: 4).

Je nachdem wer der Anspruchsteller ist, werden die Qualitätsinteressen und Qualitätssichtweisen differieren. Die Tabelle 1 stellt einen Überblick der unterschiedlichen qualitätsrelevanten Interessen dar:

Verbraucher	• Gebrauchstauglichkeit des Produktes • Zuverlässigkeit des Produktes • Termintreue • Technisches Service • Preiswürdigkeit
Hersteller	• Fehlerfreiheit der Prozesse (Produktivität) • Marktakzeptanz des Produktes • Akzeptabler Gewinn • Begrenzung des Risikos aus Garantie, Gewährleistung und Produkthaftpflicht
Allgemeinheit	• Gefahrenbegrenzung für Dritte • Umweltverträglichkeit • Ressourcenschonung • Sonstige soziale Aspekte

Tab. 1: Qualitätsrelevante Interessen - Quelle: Eigene Tabelle in Anlehnung an Masing 2007: 5.

Neben der oben angeführten Qualitätsdefinition von Masing gibt es in der Literatur verschiedenste Ansätze um Qualität zu definieren.

Nach Juran wird Qualität nur durch den Kunden definiert. Er beschreibt Qualität als „Fitness for use". Juran ist der Meinung, dass der Begriff Qualität aus zwei verschiedenen Perspektiven betrachtet werden muss, und meint damit erstens, dass die Produkteigenschaften die Kundenanforderungen erfüllen müssen und zweitens die Freiheit von Mängeln. In diesem Zusammenhang geht er davon aus, dass die Erfüllung der ersten Perspektive die Kosten erhöht, während hingegen die Erfüllung der zweiten Perspektive die Kosten verringert (vgl. Juran 1989: 15 f.).

Seghezzi definiert Qualität als das Spezifikum einer Einheit „… gemessen an den Bedürfnissen der relevanten Anspruchsgruppen" (Seghezzi et al. 2007: 34).

Fraglich bleibt jedoch, wer die Anforderungen stellt bzw. die Erfordernisse festlegt? Sind es die Anforderungen der Kunden, der Umwelt oder die des Unternehmens? Daraus lässt sich ableiten, dass die Qualitätsdefinition immer von der jeweiligen Betrachtungsweise abhängig ist. Unbestritten ist jedoch, das der Kunde bestimmt, was Qualität ist (vgl. Scharnbacher, Kiefer 2003: 2).

Garvin entwickelte zur Definition von Qualität fünf anerkannte Sichtweisen, die nachfolgend dargestellt werden (vgl. Garvin 1988: 40 ff.; Herrmann, Fritz 2011: 28 f.; Verbeck 1998: 14 ff.; Kamiske, Brauer 2008: 177 f.; Scharnbacher, Kiefer 2003: 27 f.; Markl o.J.: 8):

- **Transzendente Sichtweise:**
  Ein Bauunternehmen wirbt z.B. in seinem Katalog mit österreichischer Qualität und Nachhaltigkeit. Diese Sichtweise beschreibt Qualität als etwas, das nicht dem Zeitgeist unterworfen ist. Der transzendente Ansatz setzt Qualität gleich mit überragender handwerklicher Kunst und lehnt Massenproduktion ab. Qualität ist einzigartig, absolut universell erkennbar und nur durch kompromisslos hohe Ansprüche realisierbar. Sie wird durch Erfahrung empfunden ist aber nicht eindeutig definierbar und kann entweder gar nicht oder zumindest nicht präzise gemessen werden. Qualität nach dieser Definition wird immer subjektiv empfunden.

- **Produktbezogene Sichtweise:**
  Deutlich wird dieser Ansatz in der Werbung eines Ziegelherstellers, bei der dieser den U-Wert für den von ihm angebotenen 50cm Ziegel mit 0,15 W/m²K angibt. Die Eigenschaften, die ein Produkt besitzt bzw. inwieweit ein Produkt zuvor definierte Erfordernisse erfüllt, dienen als Kriterium zur Qualitätsdefinition. Qualität ist auf-

grund der Produkteigenschaften objektiv definierbar und kann bei diesem Ansatz exakt gemessen werden.

(Anmerkung: 1 W/m²K = Wärmedurchgangskoeffizient und gibt an, welche Wärmeleistung durch 1 m² eines Bauteiles hindurchgeht, wenn der Temperaturunterschied zwischen der Luft auf beiden Seiten 1 Kelvin beträgt. Je kleiner der Wärmedurchgangskoeffizient U ist, desto größer ist die dem Bauteil innewohnende Wärmedämmung.)

- **Anwenderbezogene Sichtweise:**
  Wenn ein Bauherr darauf besteht, seine Vollwärmeschutzfassade mit einem Silikatputz zu versehen, obwohl objektiv betrachtet, ein Silikonharzputz oder ein noch höherwertigerer Deckputz die bessere Wahl wären, so ist dies ein Beispiel für diese Qualitätssichtweise. Qualität wird als Grad der Bedürfnisbefriedigung durch den Kunden gesehen. Qualität ist dann erreicht, wenn die Bedürfnisse des Kunden besonders gut befriedigt werden. Diese Sichtweise deckt sich mit dem „Fit for use"-Ansatz von Juran. Das gekaufte Produkt muss objektiv nicht unbedingt das Beste sein, es muss für den Kunden das am besten Passende sein, da die Qualität im Auge des Betrachters liegt.

- **Prozessbezogene Sichtweise:**
  Wenn ein Bauunternehmen damit wirbt, das aufgrund der Bau- und Ausführungsweise sowie der verwendeten Materialien die zur Gewährung einer Förderung im Rahmen der Errichtung eines Eigenheims geforderte Nutzheiz-Energiekennzahl von 36 kWh/m²a erreicht wird, bedient dies die prozessbezogene Sichtweise. Hier definiert sich Qualität durch das herstellungsbezogene Einhalten von Spezifikationen in der Fertigung. Die Qualität entsteht durch die fehlerfreie Herstellung der Produkte. Abweichungen vom Herstellungsprozess führen zu einer Qualitätsminderung, weshalb die Forderung besteht, die eigene Arbeit von Beginn an richtig zu machen. Bei diesem Ansatz werden Forderungen und Wünsche eines Kunden nicht berücksichtigt.

- **Wertbezogene Sichtweise:**

  Ein Bauherr, der im Rahmen der Elektroausstattung bei seinem Haus einige Bewegungsmelder anstatt Taster erhält, die er nicht bestellt hat, wird nicht bereit sein, den Mehrpreis zu akzeptieren. Im Gegenzug wird der Bauherr sehr wohl reklamieren, wenn er Bewegungsmelder geordert hat, aber nur Taster montiert bekommt. Dieser Ansatz definiert Qualität durch ein Kosten-/Leistungsverhältnis. Welches Verhältnis zwischen Kosten und Leistung bestehen darf, wird ausschließlich durch den Kunden festgelegt. Ein Kunde wird bereit sein nicht bestellte Mehrleistung zu akzeptieren, wird aber nicht bereit sein, dafür mehr zu bezahlen. Im Gegenzug wird der Kunde jedoch bei Nichterfüllung von Anforderungen negative Konsequenzen ziehen.

Als Resümee kann nachfolgend festgehalten werden das „… Qualität die bewertete Beschaffenheit einer Leistung …" ist (Scharnbacher, Kiefer 2003: 26). Über die Erfüllung der Qualitätserfordernisse befindet einzig der Kunde und es werden immer höhere Anforderungen gestellt (vgl. Frehr 1994: 32).

2.1.2 Spezielle Sichtweise der Qualität

Im Rahmen der Qualitätsbetrachtungen für eine Baufirma muss auch auf die Bauqualität eingegangen werden. In Bezug auf die Bauqualität wird differenziert nach Produkt- und Prozessqualität. Wie im weiteren Verlauf des Buches noch näher betrachtet wird, beeinflusst die Prozessqualität (s. Kap. 2.5.4) wesentlich die Qualität eines Produktes.

Die nachfolgende Abbildung 1 stellt den Zusammenhang bezogen auf die Bauqualität und die Prozessqualität dar:

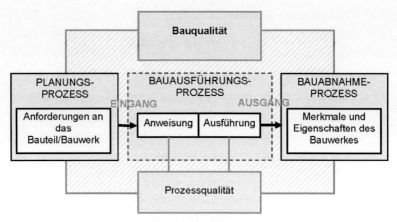

Abb. 1: Bauqualität und Prozessqualität - Quelle: Weyhe 2005: 27.

Alle Leistungen im Rahmen der Bauwerkserrichtung müssen auf ein gemeinsames Ziel ausgerichtet, dementsprechend gesteuert und koordiniert werden, wodurch eine Unterscheidung in Produkt- und Prozessqualität sinnvoll ist. Die Produktqualität bezieht sich auf die Merkmale der Bauwerke sowie der dazu verwendeten Bauprodukte und wird wie nachfolgend dargestellt untergliedert (vgl. Weeber, Bosch 2001: 3; Balak et al. 2005: 7 ff.):

- **Technische Bauqualität:**
  Qualität der Konstruktion, Qualität der Materialien und der Verarbeitung, maßgebende Größe ist der „Stand der Technik".

- **Funktionale Qualität:**
  Nimmt Bezug auf den kompletten Bauentwurf, auf die räumliche Organisation, die Zweckmäßigkeit und Annehmlichkeit, auf das konstruktive System des Gebäudes und auf die Funktionalität der Detaillösungen.

- **Städtebauliche Qualität**
  Aktuelle ökologische und wirtschaftliche Kriterien werden bei der Planung berücksichtigt.

- **Gestalterische Qualität:**
  Entwurfsästhetik und -harmonie beginnend beim Entwurf des Gesamtkonzeptes bis ins Detail, öffentliche Akzeptanz, Werbewirkung, Vorbildfunktion.

- **Geltungsnutzen:**
  Gewinn an Anerkennung und positiver Beachtung, den der Bauherr mit dem Bauvorhaben erzielt.

- **Ökologische Qualität:**
  Qualität der Baumaterialien (recyclingfähig), Energiekonzept (geringe oder keine Emissionen).

- **Wirtschaftliche Qualität:**
  Bauherren sind an einem angemessenen Verhältnis von eingesetztem Aufwand zu erreichter Gesamtqualität interessiert.

Um eine hohe Bauqualität zu erreichen, müssen die Kosten nicht überdurchschnittlich steigen, wenn die Prozessqualität entsprechend entwickelt ist. Durch die Prozessqualität soll die Bauausführung mit minimalsten Fehlern und wirtschaftlich erfolgen. Alle Prozesse im Zuge der Bauwerksentstehung (Planung, Herstellung, Errichtung und Bewirtschaftung) sind Betrachtungsgegenstand der Prozessqualität. Der Prozessablauf im Bauwesen unterteilt sich in Planung, Ausführung und Nutzung/Entsorgung, die nachfolgend kurz erläutert werden (vgl. Balak et al. 2005: 9).

- **Planung:**
  Im Zuge des Planungsprozesses müssen eventuelle Risiken ermittelt und präventive Maßnahmen entwickelt werden, um Risiken zu lenken und zu beherrschen. Bauwerke können nur dann mängelfrei sein, wenn die Kompetenz der Planung dies zulässt.

- **Ausführung:**
  Die Prozessqualität wird verbessert, wenn die ausführenden Ebenen präzise und rechtzeitig über die Planung in Kenntnis gesetzt werden und über die Qualitätsstandards Bescheid wissen. Diese Standards müssen dem Bauherrn zur Kenntnis gebracht und ein gemeinsamer Konsens muss gewährleistet sein.

- **Nutzung/Entsorgung:**
  Ein optimaler Prozessablauf basiert auf der Kommunikation, Kooperation und Weitergabe aller benötigten Informationen zwischen Architekten, Ingenieuren, Bauunternehmen, Bauherrn und Nutzern. Dies ist besonders beim Wechsel der Zuständigkeitsbereiche nötig, um Schnittstellenprobleme zu vermeiden.

2.1.3 Maslow und die Qualität

Das Wissen um die Gründe, warum Menschen nach Leistungen und Produkten streben, die eine hohe Qualität besitzen, ist von Bedeutung. Nicht zuletzt ermöglicht Qualität eine Differenzierung zu den Wettbewerbern und damit die Chance Wettbewerbsvorteile zu erlangen.

Aufgrund des Wandels der Märkte vom Verkäufermarkt in der Zeit nach dem Zweiten Weltkrieg zum derzeitigen Käufermarkt, bei dem das Angebot größer ist als die Nachfrage, infolge der zunehmenden Transparenz im Markt und durch das Vorhandensein von gesättigten Märkten sieht sich ein Bauunternehmen der Herausforderung gegenüber, das Bauherren sehr qualitätsbewusst geworden sind. Für das Bauunternehmen bedeutet dies, dass es sich intensiv mit den Wünschen, Bedürfnissen und Problemen der Bauherren befassen und deutlich größere Anstrengungen unternehmen muss, um am Markt bestehen zu können (vgl. Jung 2010: 557; Weis 1990: 17). Das Kundenstreben nach hoher Qualität lässt sich anhand der Bedürfnistheorie von Maslow erklären (vgl. Maslow 2008: 62 ff.). Nach Maslow können die menschlichen Bedürfnisse hierarchisch nach ihrer relativen Dringlichkeit angeordnet werden. Abbildung 2 zeigt die daraus entwickelte Bedürfnispyramide mit insgesamt fünf Hauptbedürfnisstufen:

Abb. 2: Bedürfnispyramide nach Maslow - Quelle: Eigene Grafik in Anlehnung an Maslow 2008: 62 ff.; Herrmann, Fritz 2011: 2.

In einem Verkäufermarkt übersteigt die Nachfrage das Angebot und kundenseitig werden vorwiegend die Bedürfnisse der zweiten Stufe angesprochen, wobei die Qualität der Produkte relativ unwichtig ist. In einem Käufermarkt übersteigt das Angebot die Nachfrage, der Wohlstand der Kunden wird immer größer. Die Kunden sind in ihren Grundbedürfnissen befriedigt, die Bedürfnisse der Stufen vier und fünf stehen im Vordergrund, wodurch Kaufentscheidungen nun auch stark von der Produktqualität abhängen. Neben der Qualität treten auch Faktoren wie z.B. Umweltfreundlichkeit als wichtiger Faktor für eine Kaufentscheidung in den Vordergrund. Jedes Unternehmen muss in der heutigen Zeit zudem auf seine Kosten und sein Image achten, die maßgeblich mittels Qualität beeinflusst werden können (vgl. Herrmann, Fritz 2011: 2 ff.). Dies führt uns zum QM.

2.2 Qualitätsmanagement - Begriff und Definition

Aufgrund der Tatsache, dass die durch den künftigen Auftraggeber subjektiv wahrgenommene Qualität eines Bauunternehmens ein immer bedeutenderes Entscheidungskriterium für oder gegen die Entscheidung zur Auftragserteilung ist, muss ein Bauunternehmen fortlaufend bestrebt sein im Rahmen eines QM qualitätsfördernde Maßnahmen zu setzen und diese begleitend ständig zu verbessern. TQM betrachtet Prozesse, Produkte und Systeme, wobei gleichzeitig eine Abkehr von einer reinen Produktprüfung hin zu einer Betrachtung des gesamten Produktrealisierungsprozesses erfolgen muss (vgl. Herrmann, Fritz 2011: 30 f.).

Ziel des QM ist eine maximale Minimierung nachträglicher Kontrollen und Prüfungen durch eine vorausschauende und vorbeugende Prozessplanung (vgl. Jung 2010: 301). QM zielt darauf ab die internen Prozesse transparent zu gestalten. Des Weiteren differenzieren auch innerhalb von Abteilungen die Qualitätssichtweisen und Qualitätsziele. Im Rahmen der Fertigung wird die prozessorientierte Sichtweise vorherrschen, während das Marketing eher die transzendente Sichtweise bevorzugen wird (vgl. Verbeck 1998: 17). Um diese unterschiedlichen Qualitätsziele und -sichtweisen zu koordinieren und auf das gemeinsame Ziel der Kundenzufriedenheit auszurichten bedarf es des QM, dessen Definitionen je nach Quelle differieren. Die nachfolgenden Definitionen stellen in diesem Sinn einen Auszug aus der Literatur dar.

Die DIN EN ISO 9000:2005 definiert QM als „aufeinander abgestimmte Tätigkeiten zum Leiten und Lenken einer **Organisation** .. bezüglich **Qualität** .." (DIN EN ISO 9000 2005: 21).

Macharzina beschreibt QM als „... Gestaltungskonzept der Unternehmensführung, das durch die kontinuierliche Verbesserung aller Wertschöpfungsstufen des Unternehmens sowie durch die Mitwirkung aller Mitarbeiter das Ziel verfolgt, die Bedürfnisse der Kunden weitgehend zu befriedigen, dabei die Kostenorientierung nicht aus dem Auge zu verlieren und schließlich die Wettbewerbsfähigkeit des Unternehmens zu verbessern" (Macharzina 2003: 701).

Hermann und Fritz definieren QM als „… die Managementaktivität, die qualitätsbezogene Ziele setzt und verfolgt" (Herrmann, Fritz 2011: 12).

Für die Praxis liegt die Bedeutung von QM darin Methoden zu entwickeln und anzuwenden, die zur Problemvermeidung bzw. zur Problemlösung geeignet sind (vgl. Lanzinger 2005: 22).

2.2.1 Entwicklungsstufen des QM

Ausgehend von seinen Anfängen, kam es im Laufe der Zeit zu einer Weiterentwicklung im Bereich des QM. Eine Produktqualität aufgrund der alleinigen Kontrolle von zuvor definierten Produktanforderungen und -merkmalen zu erreichen, ist heutzutage nicht mehr möglich. Im Rahmen des zeitlichen Wandels wurden die Qualität der Prozesse, die Qualität der Arbeitsbedingungen sowie die Qualität zu allen interessierten Parteien ebenso wichtig. Abbildung 3 zeigt die Entwicklungsstufen des QM im vergangenen Jahrhundert:

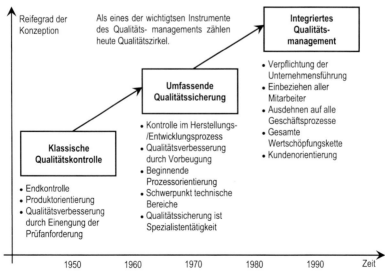

Abb. 3: Entwicklungsstufen des QM - Quelle: Eigene Grafik in Anlehnung an Wällisch (2009): 31.

2.2.2 Bestandteile des QM

Das QM integriert die Qualitätspolitik, Qualitätsziele, Qualitätsplanung, Qualitätslenkung, Qualitätssicherung und die Qualitätsverbesserung (vgl. DIN EN ISO 9000 2005: 21 f.). Tabelle 2 veranschaulicht die sechs Bestandteile mit ihren Aufgaben:

BESTANDTEILE DES QUALITÄTSMANAGEMENTS	**Qualitätspolitik**	Bietet durch das Festlegen von übergeordneten Absichten und der Ausrichtung der Organisation durch die oberste Leitung auf Qualität einen Rahmen für das Bewerten und Festlegen von Qualitätszielen.
	Qualitätsziele	Aus der Qualitätspolitik abgeleitete Ziele bzgl. Qualität. Sie müssen mit der Qualitätspolitik und der Verpflichtung zur ständigen Verbesserung im Einklang stehen. Das Erreichen muß meßbar sein.
	Qualitätsplanung	Erreichen der Qualitätsziele durch Festlegen der Qualitätsziele und der notwendigen Ausführungsprozesse sowie der zur Erreichung notwendigen Ressourcen.
	Qualitätslenkung	Erfüllung von Qualitätsanforderungen mittels der Durchführung von Tätigkeiten und dem Einsatz von Arbeitstechniken.
	Qualitätssicherung	Schaffung von Vertrauen, dass Qualitätsanforderungen erfüllt werden.
	Qualitätsverbesserung	Erhöhung der Effektivität und der Effizienz der Unternehmensprozesse zur Erfüllung der Qualitätsanforderungen (Wirksamkeit, Effizienz, Rückverfolgbarkeit).

Tab. 2: Bestandteile des QM - Quelle: Eigene Tabelle in Anlehnung an Lunze 2008: 9; DIN EN ISO 9000 2005: 9 ff.

Ein wesentlicher Aspekt kommt dabei der Qualitätssicherung zu. Die Qualitätssicherung zielt darauf ab, präventive Maßnahmen zur Qualitätssicherung zu entwickeln, um Fehler zu vermeiden. Die gängige Praxis, Qualität aufgrund von Kontrollen am Ende der Leistungserbringung erreichen zu wollen, beschreitet den falschen Weg, da diese Kontrollen zum einen zu spät ansetzen und zum anderen ineffektiv und teuer sind. Wenn ein Fehler aufgrund von Kontrollen gefunden wird, wurden bereits Arbeitszeit und Material aufgewendet, woraus sich die Schlussfolgerung ergibt, dass Qualität durch präventive Maßnahmen zu sichern ist. Je früher diese

Maßnahmen im Produktlebenszyklus ansetzen umso weniger Kosten werden anfallen (vgl. Linß 2011: 1; Lanzinger 2005: 15). Präventive Maßnahmen der Qualitätssicherung stellen eine gleichbleibend hohe Prozess- und Produktqualität sicher, und zwar unabhängig von Kontrollmaßnahmen, wobei jedoch Endkontrollen durchzuführen sind (vgl. Hummel, Malorny 2011: 75).

Die vorbeugende Qualitätssicherung kann durch den Einsatz von verschiedenen Qualitätstechniken durchgeführt werden die gleichzeitig in der Lage sind Kennzahlen zu liefern. Diese Techniken lassen sich wie folgt unterteilen (vgl. Binner 2002: 192 ff.):

- **Kundenbezogene Qualitätstechniken** wie QFD, FMEA, Ausfalleffektanalyse, Fehlerbaumanalyse, Ergebnisablaufanalyse, usw.

- **Mitarbeiterbezogene Qualitätstechniken** wie Poka-Joke, Qualitätszirkel, TPM, Q7, usw.

- **Prozessbezogene Qualitätstechniken** wie SPC, Prozesswertanalyse, Prozessfähigkeitsuntersuchungen, usw.

- **Erfolgsorientierte Qualitätstechniken** wie Potentialanalysen, Nutzwertanalysen, Investitionsrechnung, usw.

Ziel der Qualitätstechniken ist es Fehlerursachen frühzeitig zu erkennen und zu beseitigen, wodurch auch Folgefehler vermieden werden können. Werden Fehler nicht bereits bei der Planung vermieden, sondern erst im Zuge der Bauausführung behoben oder im schlimmsten Fall nach der Fertigstellung des Bauwerks bemerkt, steigen entsprechend der Zehnerregel die Fehlerkosten jeweils um den Faktor zehn. Bei einer Fehlerbehebung nach der Baufertigstellung haben sich die Kosten somit bis um das 1000-fache erhöht.

Tabelle 3 stellt dar, wie sich die Kostenfaktoren je nach Zeitpunkt der Fehlerentdeckung erhöhen können:

Steigerung der Kostenfaktoren	Ursachen
Kostenfaktor 0,1	Ermittlung und Vermeidung potentieller (möglicher) Fehler in der Produktentwicklung, der Produktplanung bzw. Ausführungsplanung (Konstruktions- und Prozess-FMEA)
Kostenfaktor 1	Entdeckung und Beseitigung interner Fehler (SPC- Statitische Prozesskontrolle) in der Beschaffung
Kostenfaktor 10	Entdeckung und Beseitigung in der Fertigung bzw. im Rahmen der Bautätigkeit
Kostenfaktor 100	Entdeckung und Beseitigung externer Fehler (bereits Nutzung vom Kunden)

Tab. 3: Zehnerregel - Quelle: Eigene Tabelle in Anlehnung an IHK NRW 2011: 20.

Erfahrungsgemäß entstehen bis zu siebzig Prozent der Fehler bis zur Ablaufplanung. Fünfundachtzig Prozent der Fehler sind systembedingt. Achtzig Prozent der Fehler werden aber erst während der Prüfung und im Einsatz behoben (vgl. Hummel, Malorny 2011: 77; Krems 2010: o.S.).

Die „österreichische Gesellschaft für Thermografie" führt diverse Gründe an die für eine Qualitätssicherung im Zuge der Bauwerkserrichtung aber auch aus allgemeiner Sichtweise sprechen. Es werden dabei die Gründe nach unterschiedlichen Sichten differenziert (s. Tab. 4):

	Gründe für Qualitätssicherung	
Technische Sicht	statische Sicherheit	• Risse, Verformungen, Korrosion
	Kondensatfreiheit an der Oberfläche	• Vermeidung von Schimmelbildung
	Kondensatfreiheit im Bauteilinneren	• Fäule, Moder, erhöhte Wärmeverluste, Standsicherheit
	Schallschutz	• Wohnqualität
	Brandschutz	• Sicherheit der Bewohner
	Wärmeschutz	• Wohnqualität, Energieverbrauch
Emotionale Sicht	Zufriedenheit des Kunden	• Positive Mundpropaganda für das Unternehmen
	Wohnqualität	• Freude am Leben
	Freude der Ausführenden	• Gutes Arbeitsklima am Bau
	Kein Ärger	• Man ist mit dem Produkt zufrieden

Finanzielle Bauherrensicht	wirtschaftlich Bauen	• daher dauerhaft und nicht billig bauen • Kosten müssen über die Lebens-/Nutzungsdauer des Objektes gesehen werden
	geringe Instandhaltungskosten	• Betriebskosten, Bauwerksinstandhaltung, Reparaturen
	Wertsicherung bzw. Wertbeständigkeit	• Gebäudepass, Energieausweis • Wiederverkaufswert – lange Funktions- und Lebensdauer
	gesicherte Finanzierung	• Auftauchende Mängel (Pfusch) erhöhen die Finanzierungskosten
	Besicherung durch das Kreditinstitut	• Erhöhung der Bonität
Wirtschaftliche Unternehmersicht	Qualität	• Qualität ist KOSTENLOSE Werbung
	Kostenvermeidung (und damit höherer Ertrag) durch	• fehlende Mängelbehebung • fehlende Sachverständigengutachten und Rechtskosten • fehlende Zeitverzögerung
	leichtere Haftungsabwehr bei Mängelrüge	• Mängelfeiheit durch Prüfprotokolle bestätigt
	keine ausstehenden Zahlungen	• durch Rückbehalte aus Mängelrüge
	Keine Kosten für Fehlerbehebung	• Daher mehr Kapital für Forschung, Weiterbildung, Investitionen, etc.

Tab. 4: Gründe für Qualitätssicherung - Quelle: Eigene Tabelle in Anlehnung an Österreichische Gesellschaft für Thermografie o.J.

2.3 Qualitätsmanagementsystem - Begriff und Definition

Die inzwischen zurückgezogene und durch die DIN EN ISO 9000:2005 ersetzte DIN EN ISO 8402:1994 definiert ein QMS als „zur Verwirklichung des **Qualitätsmanagements** .. erforderliche **Organisationsstruktur** .., **Verfahren** .., **Prozesse** .. und Mittel" (DIN EN ISO 8402 1995: 17). Die DIN EN ISO 9000:2005 definiert ein QMS als ein „**Managementsystem** .. zum Leiten und Lenken einer **Organisation** .. bezüglich der **Qualität** .." (DIN EN ISO 9000 2005: 20).

Beim Vergleich der Definitionen von QM (s. Kap. 2.2) und QMS nach den DIN EN ISO-Normen kann festgestellt werden, dass sich die Definition von QM auf abgestimmte Tätigkeiten bezieht, während sich die Definition eines QMS auf das Managen bezieht und damit den umfassenderen Begriff darstellt. QMS bezieht sich auf die Entwicklungs-, die Planungs-, die Durchführungstätigkeiten, die Prozesse und Verantwortlichkeiten sowie die Methoden, Verfahren und Ressourcen zur Realisierung der Kundenanforderungen und ist integrativer Bestandteil des Managementsystems. Die DIN EN ISO 9001:2008 kann im Vorfeld der Einführung von TQM herangezogen werden, um sich ein klar geregeltes QMS aufzubauen und damit die Herausforderung „TQM" in Angriff zu nehmen.

2.4 TQM - Ein erweitertes prozessbasiertes QMS

Durch TQM wird ein QM auf alle Unternehmensbereiche ausgeweitet und gilt als das umfassendste QMS, das sich an den Erfordernissen der Kunden ausrichtet. „Das TQM erhebt nun den Anspruch, mit einem ganzheitlichen Ansatz, der prozess-, mitarbeiter- und kundenorientierte Überlegungen explizit mit einbezieht, eine umfassende Antwort auf die Herausforderungen moderner Unternehmensführung zu geben" (Rothlauf 2010: 56). Qualität im Rahmen von TQM bezieht sich neben den vermarkteten Produkten und Dienstleistungen auch auf die internen Prozesse des Unternehmens (vgl. QM-Aktiv 2006: 6).

Rothlauf definiert TQM als ein Synonym für umfassendes Qualitätsbewusstsein und eine umfassende Qualitätssicherung in allen Wertschöpfungsphasen (vgl. Rothlauf 2010: 69).

Die DIN EN ISO 8402:1994 definiert TQM als eine „auf die Mitwirkung aller ihrer Mitglieder gestützte Managementmethode einer **Organisation** .., die **Qualität** .. in den Mittelpunkt stellt und durch Zufriedenstellung der **Kunden** .. auf langfristigen Geschäftserfolg sowie auf Nutzen für die Mitglieder der **Organisation** und für die Gesellschaft zielt" (DIN EN ISO 8402 1995: 18). Interessant ist dabei die Anmerkung zwei in der festgehalten wird, dass sich der Erfolg von TQM nur einstellen wird, wenn das Management überzeugend und nachhaltig führt und wenn „... alle Mitglieder der **Organisation** ausgebildet und geschult sind" (DIN EN ISO 8402 1995: 18).

Der Weg zu TQM ist nicht eindeutig definiert und es gibt verschiedenste Methoden TQM zu erreichen. Grundsätzlich kann es jedoch als vorteilhaft gesehen werden, sich prinzipiell nach den Grundsätzen der „DIN EN ISO 9000-Familie" zu halten, da dadurch die Gewähr besteht, für eine eventuelle spätere Zertifizierung wichtige Grundlagenarbeit geleistet zu haben.

2.4.1 Die TQM-Grundelemente

Der Begriff TQM kann in drei Grundelemente zerlegt werden und dem jeweiligen Buchstaben können bestimmte Inhalte zugeordnet. Zum einheitlichen Verständnis wird der Begriff TQM wie folgt konkretisiert:

- **Total:**
  Die Qualitätsverbesserung beruht auf einer partnerschaftlichen Kommunikation mit dem Kunden (Kundenorientierung), auf der Einbeziehung aller Unternehmensangehörigen (Mitarbeiterorientierung), auf der Öffentlichkeitsarbeit (Gesellschafts- und Umweltorientierung) und soll bereichs- und funktionsübergreifend erfolgen (vgl. Hummel, Malorny 2011: 7).

- **Quality:**
  Bezieht sich auf die Qualität der Arbeit, der Prozesse und des Unternehmens, aus denen sich dann als Konsequenz die Qualität des Produktes ergibt (vgl. Hummel, Malorny 2011: 7).

- **Management:**
  Qualität wird zur Managementaufgabe. Die Unternehmensführung muss ihre Führungsrolle in Bezug auf die ständige Qualitätsverbesserung wahrnehmen, aber auch Führungsqualität besitzen, um Qualität zu erreichen oder zu verbessern. Das Management muss die Team- und Lernfähigkeit fördern und Beharrlichkeit zeigen, sowie die Qualitätspolitik und die Qualitätsziele festlegen (vgl. Hummel, Malorny 2011: 7).

Ein QMS, und damit auch ein TQM, zielt auf die zufriedenstellende Erfüllung der Erfordernisse und Erwartungen aller interessierten Parteien. Die differenzierten Anforderungen wurden in früheren Zeiten einzeln und mittels eigenständiger Systeme betrachtet. TQM integriert die verschiedenen Anforderungen unter einem System.

Tab. 5 zeigt übersichtlich die verschiedenen Parteien mit ihren unterschiedlichen Erfordernissen und Erwartungen:

Interessierte Partei	Erfordernisse und Erwartungen
Kunden	• Qualität, Preis und Lieferleistung von Produkten
Eigentümer/Anteilseigner	• Nachhaltige Rentabilität • Transparenz
Mitarbeiter der Organisation	• Gute Arbeitsumgebung • Arbeistplatzsicherheit
Lieferanten und Partner	• Gegenseitiger Nutzen und Kontinuität
Gesellschaft	• Umweltschutz • Ethisches Verhalten • Einhalten von gesetzlichen und behördlichen Anforderungen

Tab. 5: Interessierte Parteien - Erfordernisse und Erwartungen - Quelle: Eigene Tabelle in Anlehnung an DIN EN ISO 9004 2009: 16.

2.4.2 Grundgedanke und Philosophie des TQM

Wesentliches Element der TQM-Philosophie ist die Fehlervermeidung. Zur Notwendigkeit einer Fehlerbeseitigung darf es gar nicht erst kommen (vgl. Rothlauf 2010: 122).

„Bessere Qualität kostet weniger, nicht mehr!" (Hummel, Malorny 2011: 11).

TQM geht über die Forderungen der DIN EN ISO 9001:2008 hinaus. QM erfährt durch TQM eine umfassendere Betrachtungsweise, da TQM die Bedürfnisse und Erwartungen aller interessierten Parteien mit einbezieht, und überprüft, ob die Kunden tatsächlich zufrieden sind, ob Qualität tatsächlich erreicht wurde und ob die Mitarbeiter von ihrem Unternehmen überzeugt sind (vgl. Krems 2011: o.S.).

TQM ist eine Unternehmensphilosophie, die im Rahmen der Unternehmenskultur Einzug in die gesamten Unternehmensprozesse halten muss (vgl. Rothlauf 2010: 69). Alle Bemühungen im Rahmen des TQM sind auf den Kunden auszurichten und dadurch alle Ziele des Unternehmens vom übergeordneten Ziel der Kundenzufriedenheit abzuleiten. Ein Kunde muss sich bei seiner Kaufentscheidung auf Erfahrungen verlassen, die er entweder bereits persönlich oder Dritte mit dem jeweiligen Unternehmen gemacht haben.

Kamiske sieht in TQM ein visionäres, programmatisches Konzept, indem Qualität zur „Chefsache" erklärt wird und eine Führungsaufgabe darstellt, sowie allen anderen Funktionen übergeordnet ist und die Produktqualität das Ergebnis der Unternehmensqualität ist (vgl. Kamiske 2010: 16).

Innerhalb eines Unternehmens muss TQM verstanden und gelebt werden. Ein erfolgreiches TQM beeinflusst die Qualität der Unternehmensprozesse und dadurch die gesamte Kosten- und Wertschöpfungsstruktur. Wenn die Prozessqualität steigt, sinkt die Verschwendung, wodurch die Rendite steigt (vgl. Hummel, Malorny 2011: 8). TQM unterwirft nicht nur die Produkte und Dienstleistungen, sondern auch die Tätigkeiten und Verhaltensweisen der Mitarbeiter eines Unternehmens einer Qualitätssteuerung und einer ständigen Verbesserung.

TQM stellt eine strategische Entscheidung dar, deren Umsetzung mehre Jahre dauert. Im Endeffekt wird diese Umsetzung aufgrund des Prinzips der ständigen Verbesserung nie abgeschlossen sein. Das Unternehmen muss tragende und leitende Grundsätze als Grundwerte festlegen, aus dem der Unternehmenszweck hervorgeht. Grundwerte und Unternehmenszweck bilden eine Stütze zur Orientierung für jeden Mitarbeiter und bilden das Fundament für die strategische Ausrichtung des Unternehmens (vgl. Hummel, Malorny 2011: 55 ff.). Die Umsetzung des TQM erfolgt mit den Instrumenten und Methoden des QM (vgl. Kamiske, Brauer 2002: 96).

Es kommt zu einer Kostenverringerung, wenn Fehler, Nacharbeit und Verschwendung durch eine verbesserte Prozessqualität und damit eine erhöhte Produktqualität verringert werden. Das Ergebnis einer fehlerlosen Prozessqualität sind eine fehlerlose Produktqualität und beherrschbare

Prozesse, die überwiegend resistent gegen Störungen sind, wodurch größtenteils auf Puffer verzichtet werden kann. Die höhere Produktqualität resultiert in einer wachsenden Kundenzufriedenheit, einer Fehlerkostenverringerung aufgrund sinkender Gewährleistungsansprüche, sinkender Kosten für Fehlerbeseitigungen sowie in einer erhöhten Zuverlässigkeit und einem Imageaufbau (vgl. Hummel, Malorny 2011: 11 ff.).

Um das Streben nach Fehlerlosigkeit zu verdeutlichen sei angeführt, dass bei einer Errichtung von einhundert Einfamilienhäusern eine Prozesssicherheit von nur neunundneunzig Prozent bedeutet, dass jedes einhundertste Haus Mängel und Fehler aufweisen würde. Jodl führt jedoch zum Thema Null-Fehler Prinzip an, dass es im Bauwesen nicht möglich sein wird Null-Fehler zu erreichen, eine erhebliche Reduktion der Fehler jedoch sehr wohl (vgl. Jodl 2009: 32).

Die kausale Auswirkung erhöhter Prozessqualität auf den Fortbestand eines Unternehmens stellt Deming in seiner Reaktionskette dar (s. Abb. 4):

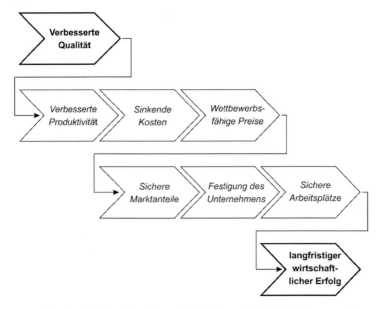

Abb. 4: Deming'sche Reaktionskette - Quelle: Eigene Grafik in Anlehnung an: Hummel, Malorny 2011: 13.

Wie aus der Abbildung 4 ersichtlich ist, hängt der langfristige wirtschaftliche Erfolg des Unternehmens vom Vorhandensein und der ständigen Verbesserung von Qualität ab. Laut Deming ist eine Abkürzung dieser Reaktionskette nicht möglich (vgl. Kamiske, Brauer 2002: 27).

Ständige Verbesserung und die Prozessorientierung bilden die Grundlage für das Modell des TQM (s. Abb. 5). Alle Bestandteile des Modells werden in einem strukturellen Zusammenhang gestellt. Der innere Kreis zeigt dabei die Anforderungen an ein QMS nach der DIN EN ISO 9001:2008, während der äußere Kreis den erweiterten Prozessansatz mit den erweiterten Anforderungen nach der DIN EN ISO 9004:2009 darstellt. Die Regelkreise werden wiederholt durchlaufen. Ziel ist es, die Effektivität des Systems zu erhöhen und eine ständige Verbesserung zu erreichen.

Die Abbildung 5 stellt grafisch die grundlegende Prozesskette des TQM nach der DIN EN ISO 9004:9009 aufbauend auf der DIN EN ISO 9001:2008 dar:

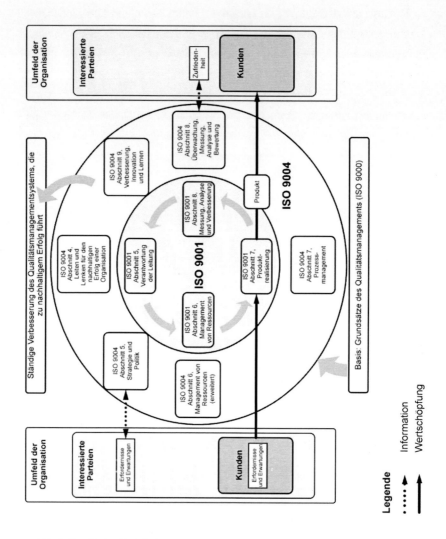

Abb. 5: Erweitertes Modell eines prozessorientiertes QMS - Quelle: DIN EN ISO 9004 2009: 7.

Die prinzipiellen Anforderungen an das TQM werden nachfolgend dargestellt, wobei auch im Rahmen der Grundsätze auf die Anforderungen eingegangen wird (vgl. DIN EN ISO 9004 2009: 12 ff.):

- **Leiten und Lenken für den nachhaltigen Erfolg einer Organisation:**
  Eine Unternehmensleitung wird in seinem Qualitätsbestreben nur erfolgreich sein, wenn es ein QMS entwickelt und implementiert das auf das Unternehmen abgestimmt ist und das auf den in Kap. 2.5 beschriebenen Grundsätzen beruht. "Leiten und Lenken" muss unter Beachtung eines nachhaltigen Erfolges, des Organisationsumfeldes und der Anforderungen aller interessierten Parteien erfolgen.

  In diesem Sinn muss die Geschäftsführung:
  - Strategisch Planen
  - Das Unternehmensumfeld dauerhaft beobachten, überwachen und analysieren
  - Wissen, mit welchen interessierten Parteien sie es zu tun hat
  - Wissen, welche Anforderungen diese Parteien stellen
  - Lieferantenbeziehungen zum gegenseitigen Nutzen schaffen
  - Risiken mit ihren Fristigkeiten ermitteln und Gegenmaßnahmen entwickeln
  - Die zukünftig benötigten Ressourcen bestimmen
  - Prozesse festlegen die geeignet sind die Strategie dahin gehend zu überprüfen, ob die Pläne eingehalten werden oder ob Korrekturen vorgenommen werden müssen
  - Den Mitarbeitern die Möglichkeit und den Ansporn zur Wissenserweiterung geben
  - Ständige Verbesserung und Innovation durch entsprechende Prozesse ermöglichen

- **Strategie und Politik:**
  Wie in dieser Arbeit schon angesprochen, ist TQM eine Unternehmensphilosophie, die die Unternehmensleitung fordert klar verständliche Ziele und Visionen für das Unternehmen zu definieren.

Zu diesem Zweck muss die Unternehmensleitung in Bezug auf die Strategie und Politik eine Konzeption erstellen, die neben der Beachtung der Punkte aus dem Abschnitt „Leiten und Lenken" auch die gesetzlichen Anforderungen analysiert. In weiterer Folge sind die eigenen Stärken, Schwächen, Risiken und Chancen zu analysieren. Die Unternehmensleitung muss, soweit möglich, Konflikte vorhersehen, die sich aus den verschiedenen Anforderungen der interessierten Parteien ergeben. Anschließend an die Erstellung der Konzeption muss die Umsetzung erfolgen. Dazu müssen sowohl die Strategie als auch die Politik in messbare Ziele umgeformt werden, der zeitliche Ablauf, die Zuständigkeiten und Verantwortlichkeiten der Umsetzung festgelegt werden und die Umsetzung durchgeführt werden. Die Kommunikation der Strategie und der Politik muss sowohl vertikal als auch horizontal erfolgen und auf den jeweiligen Empfänger zugeschnitten sein.

- **Management von Ressourcen:**
Unter Ressourcen werden die finanziellen Mittel, die Mitarbeiter, die Lieferanten und Partner, die Infrastruktur, die Arbeitsumgebung, das Wissen, die Information und Technologie und natürliche Ressourcen verstanden. In Bezug auf die finanziellen Mittel hat die Unternehmensführung dafür Sorge zu tragen das der aktuelle und zukünftige Bedarf ermittelt und festgelegt ist. Mitarbeiter sollten durch ihr Arbeitsumfeld animiert werden sich weiterzuentwickeln, Teamarbeit zu betreiben, Wissen und Informationen mit anderen zu teilen. Für die Mitarbeiter sollte ein Entwicklungsplan erstellt werden, um deren Kompetenzen zu erhöhen. Daneben müssen Mitarbeiter natürlich motiviert (z.B. Weiterbildungssystem, Karriereplanung) und eingebunden werden. Lieferanten sind ebenfalls ein wichtiger Faktor. Es muss ein Verständnis dafür vorherrschen das das Unternehmen und die Lieferanten aufeinander angewiesen sind und nur gemeinsam erfolgreich sein werden (s. Kap. 2.5.8).

Die Infrastruktur ist ebenfalls zu planen, bereitzustellen und zu handhaben. Dabei soll gewährleistet sein, dass die Zuverlässigkeit und die Sicherheit gegeben sind, es auch hier zu Effizienz kommt und die Auswirkungen der Infrastruktur auf die Arbeitsumgebung beachtet werden. Unter den Begriff Arbeitsumgebung fallen, unter anderem, Punkte wie Ergonomie, Lage des Arbeitsplatzes, Wärme, Hygiene, Licht, Belüftung und Sicherheit. Auch hier hat die Unternehmensleitung dafür Sorge zu tragen, dass die Arbeitsumgebung die Kreativität, Gesundheit und Produktivität der Mitarbeiter fördert und nicht behindert. Wissen und Informationen müssen durch geeignete Prozesse effektiv zu nutzen sein. Natürliche Ressourcen sind durch geeignete Prozesse zu schützen (z.B. Umweltschutz).

- **Prozessmanagement:**

Eine Produkt- oder Dienstleistungsqualität kann nur unter Beachtung der gekoppelten Prozesse entstehen. Qualität kann erst sichergestellt werden, wenn sich fehlerfreie Prozesse über alle tangierten Abteilungen erstrecken und beherrschte Bedingungen sichergestellt sind. Mit Hilfe des Prozessmanagements werden die Unternehmensprozesse identifiziert, beschrieben und an die Anforderungen der Kunden angepasst. Um dies zu erreichen, werden die Strukturen an die Kundenanforderungen angepasst, ständig verbessert und stabilisiert.

Alle Hauptprozesse (z.B. Beschaffungsprozess, Qualitätsplanungsprozess, Auftragsabwicklungsprozess, usw.) des Unternehmens müssen identifiziert, anschließend in Teilprozesse zerlegt und danach in Tätigkeiten gegliedert werden (vgl. Füermann, Dammasch 2008: 5 ff.).

Abbildung 6 stellt exemplarisch die Zerlegung des Beschaffungsprozesses in Teilprozesse dar:

Hauptprozess

Abb. 6: Teilprozesse des Beschaffungsprozesses - Quelle: Eigene Grafik in Anlehnung an: Füermann, Dammasch 2008: 10.

Das Prozessmanagement zielt auf nachfolgende Punkte (vgl. Füermann, Dammasch 2008: 15 f.):

- Ausrichtung der Prozesse an den Kundenforderungen
- Teilprozesse des Unternehmens analysieren und verbessern
- Nicht benötigte Prozesse entfernen
- Klärung der Prozessverantwortlichkeiten
- Verbesserung der Wertschöpfung
- Verankerung einer neuen Denkweise bei allen Beteiligten
- Förderung von Kommunikation und Motivation der Mitarbeiter
- Aktive Beteiligung der Mitarbeiter am Veränderungsprozess

Zur Einführung des Prozessmanagements ist es sinnvoll sich der vier Phasen des Prozessmodells zu bedienen:

- **Phase 1:** **Prozessarbeit vorbereiten**
- **Phase 2:** **Prozesse beschreiben**
- **Phase 3:** **Prozesse strukturieren**
- **Phase 4:** **Prozesse lenken und ständig verbessern**
- (Prozesse stabilisieren)

Phase eins besteht darin die Prozessarbeit vorzubereiten, indem innerhalb der Organisation die Voraussetzungen zur Einführung geschaffen werden. In der zweiten Phase werden die Prozesse unter Berücksichtigung der internen und externen Kundensicht abgegrenzt und beschrieben. Die dritte Phase dient der prozessergebnisorientierten Strukturierung der Prozesse unter der Prämisse Verschwendung zu reduzieren. Die abschließende vierte Phase regelt die Prozesse und dient der ständigen Verbesserung. Phase zwei, drei und vier stehen insoweit in einem direkten Verhältnis, als sie gemeinsam dazu dienen die Prozesse zu stabilisieren (vgl. Füermann, Dammasch 2008: 17 ff.).

- **Überwachung, Messung, Analyse und Bewertung:**
  Das Unternehmensumfeld (Mitbewerber, Märkte, Technologien, Arbeitsmarkt, gesetzliche Regelungen, natürliche Ressourcen, usw.) muss mittels geeigneter Prozesse überwacht werden, um Informationen über gegenwärtige und zukünftige Anforderungen und Erwartungen der interessierten Parteien zu erhalten. Die Prozesse müssen auch in der Lage sein, die eigenen Chancen, Schwächen, Stärken und Risiken zu ermitteln und zu beurteilen. Mittels der Anwendung verschiedenster Methoden (Interviews, Fragebögen, Risikobewertung, Leistungsbewertung, usw.) muss die Unternehmensleitung die Erreichung der geplanten Ziele im Vergleich mit den Vorgaben messen. Dazu sind Leistungskennzahlen zu entwickeln, die relevante, messbare, exakte und überprüfbare Informationen liefern und damit bei Abweichungen die Einleitung von Korrekturmaßnahmen ermöglichen. Die gesammelten Informationen bedürfen einer Analyse durch die Unternehmensleitung, um Entscheidungen auf der Grundlage von Fakten zu treffen. Bewertungen sind in regelmäßigen Abständen durchzuführen, um die Fortschritte des Unternehmens zu erkennen.

- **Verbesserung, Innovation und Lernen:**
  Ständige Verbesserung ist ein Grundsatz von TQM (s. Kap. 2.5.6). Diese ist jedoch nur möglich, wenn Lernen als elementare Voraus-

setzung gesehen wird. Anzuwenden sind Verbesserung, Innovation und Lernen neben Produkten, Prozessen, Schnittstellen, Organisationsstrukturen und Managementsystemen auch auf die Infrastruktur, die Arbeitsumgebung und die Beziehung zu interessierten Parteien. Verbesserungen müssen nicht immer überragende Umwälzungen bedeuten, sie können auch bereits im Kleinen (eigener Arbeitsplatz) beginnen. Innovation und Lernen müssen ebenfalls als unverzichtbarer Bestandteil von TQM wahrgenommen werden.

2.4.3 Vergleich QM und TQM

Während sich die DIN EN ISO 9001:2008 damit beschäftigt welche Mindestanforderungen ein QMS zu erfüllen hat, geht TQM in Anlehnung an die DIN EN ISO 9004:2009 den Weg zu fragen, welche Konzeptumsetzungen notwendig sind, um maximale Leistungen zu erbringen (vgl. Linß 2011: 644).

QM nach der Norm DIN EN ISO 9001:2008 ist darauf ausgelegt zu überprüfen, ob die Prozesse zur Erfüllung der Kundenforderungen und anderer Anforderungen geeignet sind. TQM zielt hingegen darauf ab, auch die tatsächlich erreichten Ergebnisse zu überprüfen und darzulegen, wie erfolgreich das Bauunternehmen ist. Ziel ist die Zufriedenstellung aller durch kontinuierliche Verbesserung der Leistung der Organisation (vgl. DIN EN ISO 9001 2008: 11). Zudem ist TQM auf nachhaltigen Erfolg ausgerichtet (vgl. DIN EN ISO 9004 2009: 6).

Auch Lunze meint, dass TQM auf den langfristigen Geschäftserfolg eines Unternehmens zielt und nicht auf den einzelnen Auftrag (vgl. Lunze 2008: 21).

TQM konzentriert sich auf die für ein Unternehmen wesentlichen Prozesse, während ein QM alle Prozesse betrachtet. Im Gegenzug erweitert TQM den Kundenbegriff um die Gruppe der indirekten Kunden in Form der interessierten Parteien während ein QM sich nur auf den konkreten, direkten Kunden bezieht (s. Abb. 5). Das klassische QM zielt darauf ab, dem

Kunden die Qualitätsfähigkeit der Organisation nachzuweisen. Es vernachlässigt dabei wesentliche unternehmerische Aspekte wie z.B. die Beziehung zwischen Qualität und langfristigem Geschäftserfolg oder das Ansehen des Unternehmens in der Region.

Diese Faktoren können durch TQM zu einer Einheit verbunden werden. Die Qualität der Produkte ist im Rahmen des TQM das Ergebnis der hohen Qualität der Ressourcen, Arbeitsbedingungen, des Mitarbeiter Knowhows und der hohen Qualität der gesamten Organisation mit ihren Prozessen sprich der gesamten Unternehmensqualität (vgl. Lunze 2008: 21).

Tabelle 6 verdeutlicht die gravierendsten Unterschiede zwischen QM und TQM:

	Klassisches QM nach DIN EN ISO 9000/9001 Prozessorientiert	TQM Umfassend
Berücksichtigte Interessen (Stakeholder)	• Kunden • Mitarbeiter • Partner/Lieferanten	• Kunden • Mitarbeiter • Partner/Lieferanten • Gesellschaft
Kunden	• Müssen die vom Unternehmen gelieferte Qualität aktzeptieren	• Oberste Prämisse ist die totale Kundenzufriedenheit
Ziele	• Bessere Produkte • Geringere Kosten	• Besseres Unternehmen
Orientierung	• Produkt • Keine Ergebnisorientierung (keine Prüfung) • Prozessorientierung ist Schwerpunkt des Konzeptes	• Markt • Vorhandene Ergebnisorientierung • Vorhandene Prozessorientierung da TQM die Normen DIN EN ISO 9000/9001 integriert
Organisation	• Starke Position der Qualitätssicherung	• Alle Tätigkeiten sind auf Qualität fokussiert
Qualitätsverantwortung	• Qualitätsbeauftragter	• Linienmanagement • Jeder Mitarbeiter
Qualitätsinspektionen	• Selektion fehlerhafter Teile bzw. Zurückweisung	• Identifizierung der Fehlerquellen bereits im Vorfeld und Verbesserung des Prozesses • Jeder Mitarbeiter ist sein eigener Qualitätsinspektor

Qualitäts-sicherung/ Fehler-toleranzen	• Nur für Produkte • Totale Qualitätssicherung ist nicht bezahlbar • Eingangsprüfung von Lieferungen unabdingbar	• Für Produkte und Prozesse • Intelligent gestaltete Prozesse erhöhen die Qualität und damit den Gewinn • Eingangsprüfung kann aufgrund der Lieferanten-erziehung zu TQM entfallen
Methode	• Messungen • Kontrollen • Fehlererfassung und -auswertung	• Institutionalisiertes Programm zur Fehlerreduktion • Prozessüberwachung und Prozessoptimierung • Optimierung im eigenen Tätigkeitsbereich
Wettbewerb	• Nicht vorgesehen	• Vorgesehen
Nachhaltigkeit	• Kein Kriterium	• Auf Nachhaltigkeit ausgelegt
Fehler	• Werden von Menschen gemacht • Fehlerverantwortung liegt bei jedem einzelnen Mitarbeiter	• Werden durch Prozesse verursacht • Fehlerverantwortung liegt bei allen Mitarbeitern
Job	• Jeder macht seinen Job	• Jeder hilft jedem bei der Ausführung seines Jobs
Wissen	• Vorgesetzte haben das Wissen • Arbeiter befolgen ihre Anweisungen	• Arbeiter haben das Wissen • Vorgesetzte agieren als Coach
"Null-Fehler"	• Nicht machbar	• Angestrebtes Ziel

Tab. 6: Vergleich der QM-Konzepte - Quelle: Eigene Tabelle in Anlehnung an: Hohler o.J.: 2; Krems 2011: o.S.; Schwab 2010: 278.

2.5 Acht Grundsätze zur Leistungsverbesserung

Um allen Beteiligten eine Orientierungshilfe zu geben, bedient sich TQM bei allen Zielsetzungs-, Planungs-, Lenkungs-, Darlegungs- und Verbesserungstätigkeiten einer Reihe von Grundsätzen (vgl. IHK NRW 2011: 7). Diese Grundsätze dienen dazu, die Leistung einer Organisation zu verbessern und werden in der „DIN EN ISO 9000-Familie" als acht Grundsätze des Qualitätsmanagements definiert. Um ein Managementsystem in einem Unternehmen implementieren und aufrechterhalten zu können, definiert die Norm hierzu:

- **Kundenorientierung**
- **Führung**
- **Einbeziehung der Mitarbeiter**

- **Prozessorientierter Ansatz**
- **Systemorientierter Managementansatz**
- **Ständige Verbesserung**
- **Sachbezogener Ansatz zur Entscheidungsfindung**
- **Lieferantenbeziehung zum gegenseitigen Nutzen**

Die oben angeführten Punkte sollen garantieren, dass die Anforderungen aller interessierten Parteien berücksichtigt werden, kontinuierliche Leistungsverbesserung (KVP) erreicht wird und die Organisation einer systematischen und klaren Lenkung und Leitung unterzogen wird (vgl. DIN EN ISO 9000 2005: 5 f.; vgl. DIN EN ISO 9004 2009: 113 ff.).

Die nachfolgenden Kapitel befassen sich näher mit den einzelnen Grundsätzen.

2.5.1 Kundenorientierung

Im Rahmen von TQM wird die Kundenorientierung als elementare Komponente gesehen. Sämtliche Tätigkeiten und Abläufe eines Unternehmens sind auf die Kundenpräferenzen (Wünsche, Anforderungen und Erwartungen) auszurichten (vgl. Kamiske, Brauer 2002: 45).
„Organisationen hängen von ihren Kunden ab und sollten daher gegenwärtige und zukünftige Erfordernisse der Kunden verstehen, deren Anforderungen erfüllen und danach streben, deren Erwartungen zu übertreffen" (DIN EN ISO 9000 2005: 5).

Wie in Kapitel 2.1.1 bereits erörtert wurde, bestimmt der Kunde, was Qualität ist. Für ein Unternehmen bedeutet dies, dass die Kundenzufriedenheit der Qualitätsmaßstab ist, da diese die Existenzgrundlage des Unternehmens bildet (vgl. Hummel, Malorny 2011: 42). Da jedes Bauunternehmen auch Dienstleister ist, spielt demzufolge die Dienstleisterqualität eine große Rolle, die wesentlich die Kundenzufriedenheit beeinflusst (vgl. Bruhn 2008: 64).

Die DIN EN ISO 9004:2009 sieht in der Kundenorientierung den Vorteil, dass Unternehmen aufgrund des raschen Reagierens auf Markterfordernisse höhere Einnahmen und Marktanteile erzielen, aus einer intensiveren Kundenbindung neue Geschäfte resultieren und es zu einer höheren Effizienz bei der Nutzung der Organisationsressourcen mit dem Ziel einer gestiegenen Kundenzufriedenheit kommt. Es werden diverse Erwartungen in die Kundenorientierung gesetzt. Zum einen wird davon ausgegangen, dass die Kundenerwartungen und -erfordernisse untersucht und verstanden werden, dass die Organisationsziele damit korrespondieren, dass die Kundenzufriedenheit gemessen wird und die Kundenanforderungen innerhalb der gesamten Organisation kommuniziert werden (vgl. DIN EN ISO 9004 2009: 113 f.).

Die Bedeutung der Kundenorientierung zeigt sich anhand nachfolgender Zahlen (vgl. Hummel, Malorny 2011: 44):

- Es besteht eine fast hundert prozentige Wahrscheinlichkeit das sehr zufriedene Kunden die besten Werbeträger für ein Unternehmen werden.
- Fünfundzwanzig Prozent der zu einem Mitbewerber wechselnden Kunden stören sich an zu hohen Preisen oder unzureichender Produktgüte und fünfundsiebzig Prozent der wechselnden Kunden stören sich an der Servicequalität.
- Neue Kunden zu gewinnen ist bis zu sechshundert Prozent teurer als bestehende zu halten.

„Ziel der Kundenorientierung sind zufriedene und sogar begeisterte Kunden, die „ihre Freunde mitbringen"" (Hummel, Malorny 2011: 43). Wenn dieses Ziel erreicht wird, kann davon ausgegangen werden, dass die Verkaufsraten aufgrund von Kundenempfehlungen steigen und die Marketing- u. Werbungskosten sinken (vgl. Hummel, Malorny 2011: 43).
Nach der TQM-Sichtweise kann jeder, der von einem Prozess oder einem Produkt betroffen ist, ein Kunde sein. Dies impliziert, dass neben dem eigentlichen Käufer und eventuell betroffenen interessierten Parteien auch die Mitarbeiter des Unternehmens als Kunden gesehen werden müssen

und es daher sinnvoll ist zwischen internen und externen Kunden- und Lieferantenbeziehungen zu unterscheiden. Jeder Prozess hat mindestens einen Lieferanten und einen Kunden (vgl. Kamiske, Brauer 2002: 45; Füermann, Dammasch 2008: 10).

Abbildung 7 veranschaulicht diese Beziehung:

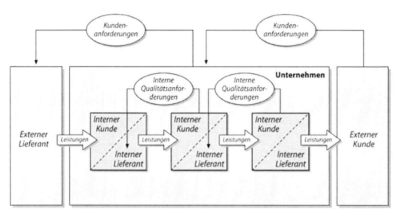

Abb. 7: Internes Kunden-Lieferanten-Verhältnis in der Wertschöpfungskette - Quelle: Hummel, Malorny 2011: 93.

- **Der externe Kunde:**
  Ein externer Kunde ist ein direkter Leistungsempfänger (z.B. Bauherr) oder ein Mitglied einer indirekt betroffenen interessierten Partei (z.B. Baubehörde) und ist kein Mitglied des herstellenden Unternehmens (vgl. Markl o.J.: 24; Kamiske, Brauer 2002: 45).

- **Der interne Kunde:**
  Interne Kunden sind aufgrund ihres Mitarbeiterstandes direkt an der Leistungserstellung beteiligt. Anders als beim externen Kunden kaufen sie das Produkt zwar nicht, sind aber gleichzeitig Kunde des vorhergehenden Arbeitsganges und Lieferant für den nachfolgenden Arbeitsgang, wobei die Erwartungen des unmittelbaren Kunden bekannt sein müssen und ein Informationsaustausch stattfinden muss. Auch hier zeigt sich die elementare Wichtigkeit der Kundenzufriedenheit. Nur wenn der interne Kunde ein einwandfreies Pro-

dukt in Form der Vorleistung erhält, kann er als Verarbeiter seinem Kunden ein einwandfreies Produkt liefern. Als Ergebnis erhält man einen zufriedenen Kunden (vgl. Kamiske, Brauer 2002: 45 f.; Hummel, Malorny 2011: 91 ff.; Frehr 1994: 86).

Das interne Kundenverhältnis wurde von Heß wie folgt beschrieben: „Jeder, der unsere Arbeitsergebnisse als Grundlage für seine Arbeit benötigt, ist unser Kunde" (Heß 1997: 87). Sinn dieser internen Kunden-Lieferantenbeziehung ist eine Kostensenkung, Qualitätserhöhung und Reduzierung des Zeitaufwandes.

Die interne Kunden-Lieferantenbeziehung ist auch ein wesentliches Element für den prozessorientierten Ansatz und wird in Kap. 2.5.4 noch einmal aufgegriffen.

2.5.2 Führung

Die Entscheidung für TQM stellt eine strategische Entscheidung dar. Es obliegt der Führung die Einführung von TQM aktiv voranzutreiben, zu lenken und zu führen und im Rahmen ihrer Vorbildfunktion Qualität als Führungsaufgabe zu leben (vgl. Hummel, Malorny 2011: 18).

Aufgabe der Führung ist es Visionen, Ethik, Kultur und Ziele klar vorzugeben und in der Organisation festzulegen. Die Bedürfnisse aller interessierten Parteien und der Organisation müssen berücksichtigt werden, sowie gemeinsame Werte und Fairness geschaffen und bewahrt werden. Daneben dient ein Verhalten nach diesem Grundsatz auch dem Abbau von Ängsten und dem Bilden von Vertrauen, sodass eine positive Fehlerkultur (Lernen aus Fehlern ohne zu verurteilen) möglich wird. Die Anwendung des Grundsatzes führt in der Regel auch dazu, dass die Mitarbeiter mit den notwendigen Ressourcen ausgestattet und geschult werden und eine Handlungsfreiheit mit Rechten und Pflichten erlangen (vgl. DIN EN ISO 9004 2009: 115; QM-Aktiv 2007: 5).

Strategische Ziele müssen in operative Ziele transformiert werden. Dazu werden die strategischen Ziele mit der Gegenwart verglichen. Die sich aus diesem Vergleich ergebenden Differenzen sind mittels Verbesserungen und Veränderungen im Rahmen von TQM abzubauen. Dazu werden die operativen Ziele wiederum in Teilziele transformiert und den jeweiligen Verantwortungsbereichen zugeordnet, begleitet von Maßnahmenpaketen um den Sollzustand zu erreichen (vgl. Hummel, Malorny 2011: 64).

Des Weiteren hat nur die Unternehmensleitung die benötigte Autorität notwendige Änderungen durchzusetzen und Widerständen von Mitarbeitern und Führungspersonal zu begegnen. TQM muss seitens der Geschäftsführung zur „Chefsache" erklärt werden. Die Geschäftsführung muss alle Mitarbeiter über die Absicht oder den Entschluss TQM einzuführen unterrichten (vgl. Hummel, Malorny 2011: 18 ff.).

Es obliegt der Führung eine Übereinstimmung zwischen Zweck und Ausrichtung der Organisation herzustellen und ein internes Umfeld zu schaffen, in dem sich die Mitglieder der Organisation voll für die Erreichung der Unternehmensziele einsetzen können (vgl. DIN EN ISO 9000 2005: 5; Herrmann, Fritz 2011: 199). Nach der DIN EN ISO 9004:2009 sollten dadurch die Mitarbeiter die Ziele der Organisation verstehen und motiviert sein diese zu erreichen. Ein weiterer Vorteil besteht darin, dass alle Tätigkeiten einheitlich ausgerichtet und verwirklicht werden und die Kommunikation innerhalb einer Organisation derart gestaltet wird, dass Übertragungsfehler auf ein Minimalmaß reduziert werden (vgl. DIN EN ISO 9004 2009: 115).

Führungskräfte müssen verinnerlichen, dass die Mitarbeiter ihre Kunden sind und ein Mitarbeiterumfeld schaffen, in dem neben der Kreativität auch der Einsatzwille der Mitarbeiter unterstützt wird und in dem die Mitarbeiter mitgestalten und mitwirken können. Um dies zu erreichen, bedarf es einer offenen, vertrauensvollen Beziehung zwischen Mitarbeiter und Vorgesetzten. Vorgesetzte müssen ihren Mitarbeitern Vertrauen entgegenbringen (vgl. Hummel, Malorny 2011: 24 f.).

Wenn nicht schon praktiziert, sollte die Führung zu einem kooperativen-demokratischen Führungsstil finden. Dieser Führungsstil fördert die Motivation, Arbeitszufriedenheit und Qualität der Arbeit. Die Mitarbeiter entwickeln Eigeninitiative, da diese gleichberechtigt in den Führungsprozess einbezogen sind. Entscheidungen werden von der Ebene getroffen, die die höchste fachliche Qualifikation aufweist. Aufgrund einer vertrauensvollen Arbeitsatmosphäre wird auch weitergearbeitet, wenn der Vorgesetzte nicht vor Ort ist. Ein kooperativer-demokratischer Führungsstil führt dazu, dass die Mitarbeiter auf ihre Arbeit, mit dem Ergebnis der höchsten Arbeitsqualität, stolz sind (vgl. Hentze et al. 2005: 240 ff.).

Da Teamarbeit für dieses Prinzip außerordentlich wichtig ist, werden die sozialen Kompetenzen der Führenden gefordert. Hentze zählt neben Konflikt-, Kritik- und Teamfähigkeit auch Durchsetzungsvermögen, Moderationsfähigkeit und Kundenorientierung zu den sozialen Kompetenzen (vgl. Hentze et al. 2005: 91).

Wie wichtig Vertrauen zwischen Vorgesetzten und Mitarbeiter im Hinblick auf die Kosten für ein Unternehmen ist, veranschaulicht Tabelle 7:

	Misstrauenskultur (Kosten in % vom Umsatz)	Vertrauenskultur (Kosten in % vom Umsatz)
Qualitätskosten (einschließlich Personalkosten)	4 - 6	1 - 2
Fehlzeiten gewerblicher Mitarbeiter 8 - 12% bei Misstrauenskultur 5 - 10% bei Vertrauenskultur	4 - 6	1,5 - 2
Reibungsverluste bei Angestellten, verlorene Arbeitszeit 25 - 30% bei Misstrauenskultur 5 - 10% bei Vetrauenskultur	2 - 3	0,5 - 1

Tab. 7: Kostenvergleich von Vertrauenskultur und Misstrauenskultur - Quelle: Eigene Tabelle in Anlehnung an: Lietz 1993: o.S. (zitiert in Kamiske 1994: 111 ff.).

Eine von der Czipin Consulting 2010 durchgeführte Produktivitätsstudie unterstreicht die Bedeutung der Führung im Rahmen der ständigen Verbesserung. Die Studie kam zu dem Ergebnis, das bei vorausgesetzten zweihundertzwanzig Arbeitstagen pro Jahr einundneunzig Arbeitstage pro Jahr durch Unproduktivität verloren gehen. Als Hauptgründe nennt die

Studie Managementfehler durch mangelnde Planung und Steuerung sowie mangelnde Führung und Aufsicht. Daraufhin wurde untersucht, wie stark sich eine Führungskraft mit Führungsaufgaben beschäftigt. Auch hier kam es zu dem Ergebnis, das nur neunzehn Prozent der Zeit der Führungskraft mit Führung genutzt wird und das das mittlere und untere Management der Umsetzung von Strategien in die Realität zu wenig Bedeutung beimisst. Die Studie geht davon aus, dass sinnvoll eingesetzte Führungskräfte die Produktivität des Unternehmens umgehend um zehn Prozent steigern, wobei diese einen Wandel vom unproduktiven Verwalter zum produktiven Gestalter vollziehen müssen (vgl. Czipin 2010: 2 ff.).

2.5.3 Einbeziehung der Mitarbeiter

Eine konsequente Mitarbeiterorientierung mündet insbesondere in motivierten, engagierten, beteiligten und an einer ständigen Verbesserung interessierten Mitarbeitern sowie in einer erhöhten Innovation und Kreativität im Vorantreiben der Organisationsziele (vgl. DIN EN ISO 9004 2009: 116).

Bei effizienter Umsetzung wird sowohl das Problemlösungs- als auch das Kreativitätspotential jedes Mitarbeiters aktiviert, das Interesse der Mitarbeiter an der Arbeit positiv beeinflusst und es erfolgt eine gezielte Knowhow Nutzung zur ständigen Verbesserung der Prozesse bezüglich Qualität und Produktivität. Die Mitarbeitermotivation zur aktiven Prozessteilnahme wird ebenfalls steigen. Mitarbeiter tragen trotz aller technischen Hilfsmittel die Gewähr, dass die Kundenzufriedenheit und die gesamte Wertschöpfung im Unternehmen gesteigert werden (vgl. Kamiske, Brauer 2002: 51 f.; Rothlauf 2010: 72).

Mitarbeiterorientierung bedeutet die Mitarbeiterressourcen zu planen, managen und ständig zu verbessern und den Mitarbeitern die Möglichkeit zur Weiterentwicklung zu geben (vgl. QM-Aktiv 2007: 5). Ziel ist es, die Mitarbeiter zu befähigen selbstständig und eigenverantwortlich zu handeln, zufrieden zu sein und die internen Prozesse durch ihre Mitarbeit ständig zu verbessern. Es erfolgt eine Mitarbeiterintegration und Mitarbeiterpartizipation.

Dies ist vor allem aus den nachfolgenden Gründen wichtig (vgl. Kamiske, Brauer 2002: 51 f.):

- Engagement aller am Wertschöpfungsprozess beteiligten Mitarbeiter ist notwendig um Fehler (-möglichkeiten) frühzeitig zu erkennen und zu beseitigen, da die Mitarbeiter die Prozesse am Besten kennen
- Mitarbeiter müssen die Qualität und ständige Verbesserung leben
- Nur durch gut ausgebildete, unternehmerisch denkende Mitarbeiter sind Flexibilität und Anpassungsfähigkeit zur Erfüllung der Kundenforderungen möglich
- Um wettbewerbsfähig zu bleiben, muss ein Unternehmen darauf bedacht sein, dass die Mitarbeiter und Führungskräfte an lebenslangem Lernen interessiert sind

Aufgrund der Mitarbeiterorientierung sollte sich die Führung um ihre Mitarbeiter sorgen (z.B. Krankheitsfall) und es zu einer Ablöse von Fremdkontrolle durch Selbstkontrolle kommen (vgl. Hummel, Malorny: 2011 33 ff.). „Auf allen Ebenen machen die Personen das Wesen einer Organisation aus, und ihre vollständige Einbeziehung ermöglicht, ihre Fähigkeiten zum Nutzen der Organisation einzusetzen" (DIN EN ISO 9000 2005: 5). Ein QMS kann nur funktionieren, wenn es nicht nur als Aufgabe für die Führungskräfte gesehen wird (vgl. Herrmann, Fritz 2011: 199).

Ohne eindeutige Kunden- und Prozessorientierung wird die Umsetzung der Mitarbeiterorientierung scheitern. Als Ergebnis dieser Grundsatzanwendung erhält man Mitarbeiter, die zum Einen die Wichtigkeit ihres Beitrages und ihrer Aufgabe innerhalb der Organisation verstehen, die verstehen, dass sie Probleme eigenständig lösen müssen, die engagiert nach Möglichkeiten zur Wissenserweiterung suchen, die Probleme offen diskutieren und ihr Wissen und ihre Erfahrung ungehindert zur gemeinsamen Nutzung einbringen (vgl. DIN EN ISO 9004 2009: 116 f.).

2.5.4 Prozessorientierter Ansatz

Der prozessorientierte Ansatz ist eine Grundhaltung, die sämtliche Prozesse und Prozessketten als Kombination des betrieblichen Handelns sieht. „Abgestimmte Prozesse mit Steuerkriterien für wesentliche Aspekte und die Verinnerlichung im täglichen Tun sind die Basis für alle Managementbereiche" (Quality Austria 2011[1]: 5). Unter Prozess fallen alle Aktivitäten, wodurch nicht nur die technische Komponente betrachtet wird, sondern auch verwaltungsmäßige Aktivitäten (vgl. Kamiske, Brauer 2002: 55 f.).

Die DIN EN ISO 9001:2008 beschreibt den prozessorientierten Ansatz als „die Anwendung eines Systems von Prozessen in einer Organisation, um das gewünschte Ergebnis zu erzeugen, gepaart mit dem Erkennen und den Wechselwirkungen dieser Prozesse sowie deren Management ..." (DIN EN ISO 9001 2008: 6). Es geht es um das systematische Erkennen und Handhaben der verschiedensten Unternehmensprozesse und ihrer Wechselwirkungen (vgl. DIN EN ISO 9000 2005: 8). Ein Prozess wird dabei beschrieben als „einen Satz von in Wechselbeziehung oder Wechselwirkung stehenden Tätigkeiten, der Eingaben in Ergebnisse umwandelt" (DIN EN ISO 9000 2005: 23).

„Ein erwünschtes Ergebnis lässt sich effizienter erreichen, wenn Tätigkeiten und dazugehörige Ressourcen als Prozess geleitet und gelenkt werden" (DIN EN ISO 9000 2005: 5; DIN EN ISO 9004 2009: 117).

Entsprechend der DIN EN ISO 9001:2008 muss eine Organisation, damit sie funktionieren kann, zahlreiche miteinander verknüpfte Tätigkeiten bestimmen, leiten und lenken. Ein Prozess besteht demnach aus einer „.. Tätigkeit oder einer Gruppe von Tätigkeiten, die Ressourcen verwendet und die ausgeführt wird um, die Umwandlung von Eingaben in Ergebnisse zu ermöglichen ..." (DIN EN ISO 9001 2008: 6).

Die Prozessorientierung löst die Funktionsorientierung ab, stellt die Prozesse in den Mittelpunkt und sieht die Qualität der Ergebnisse als eine natürliche Folge der Prozessqualität, die einer ständigen Verbesserung unterliegt. Das Ergebnis eines Prozesses ist regelmäßig die Eingabe für den nächsten Prozess im Unternehmen, wodurch sich Prozessketten (mehrere Prozesse bilden eine Prozesskette) bilden. Im Zuge der Prozessorientierung werden die durch den Arbeitsplatz, die Abteilung und das gesamte Unternehmen laufenden Prozessketten verbessert. Jedes Element der Prozesskette ist gleichzeitig Lieferant und Kunde eines Prozesskettenelementes, hat einen Anfang und ein Ende, kann in weitere Prozesse zerlegt werden und besitzt eine messbare Eingabe, Wertschöpfung und eine messbare Ausgabe. Umgelegt auf die Herstellung eines materiellen Produktes bedeutet dies, dass die in der Prozesskette nachfolgenden Elemente die Anforderung an das Produkt stellen. Ein weiterer wesentlicher Aspekt der Prozessorientierung besteht darin, dass alle Mitarbeiter in einem internen Kunden-Lieferanten Verhältnis stehen (s. Kap. 2.5.1).

Die Prozessorientierung unterstützt die Kundenorientierung dahingehend, dass die Anforderungen des externen Kunden im Rahmen der internen Kunden-Lieferanten Beziehung entlang der Prozesskette bis zum Prozessursprung weitergegeben werden. Die an der Herstellung des Produkts beteiligten Mitarbeiter bilden eine Einheit, wodurch eine Verbesserung der Einheit gleichzeitig eine Verbesserung des gesamten Prozesses bedeutet (vgl. Linß 2011: 56; Hummel, Malorny 2011: 91 ff.; Füermann, Dammasch 2008: 10).

In einem Bauunternehmen sind in Bezug auf die Errichtung eines Bauwerkes vor allem die Prozesse der Anbotserstellung, der Beschaffung, der Ablaufplanung der einzelnen Gewerke im Zuge der Bauausführung sowie planmäßige Prüfungen von besonderer Bedeutung. Im Rahmen der kundenbezogenen Prozesse ist er unerlässlich das im Vorfeld die Kundenforderung eindeutig erhoben werden.

Um das Ziel der Gewinnerzielung durch Wertschöpfung, d.h. durch die Erbringung von Dienstleistungen oder die Produktion materieller Produkte zu erreichen, sind für jedes Unternehmen Kunden, die das angebotene Produkt oder die Dienstleistung kaufen, Grundvoraussetzung. Kunden werden sich nur zum Kauf entscheiden, wenn das Angebotene die Kundenbedürfnisse befriedigen kann und es dadurch zu einer Kundenzufriedenheit kommt. Die Errichtung eines Hauses besteht aus den unterschiedlichsten, miteinander verknüpften Tätigkeiten, die die zu betrachtenden Prozesse darstellen.

Ein Prozess wandelt Eingaben in Ergebnisse unter Zuhilfenahme von Einrichtungen, Anlagen, Personen, Methoden und Technologien um. Die Leistungsfähigkeit und die Kundenorientierung der Prozesse sind maßgebend für den Erfolg eines Unternehmens, wodurch sich „Leiten und Lenken einer Organisation" (s. Kap. 2.4.2) an den Prozessen des Unternehmens ausrichten muss (vgl. Linß 2011: 54 f.). Abbildung 8 zeigt den Zusammenhang zwischen Prozesseigenschaften und Unternehmenserfolg um der Forderung des „Leiten und Lenkens" entsprechend den Unternehmensprozessen gerecht zu werden:

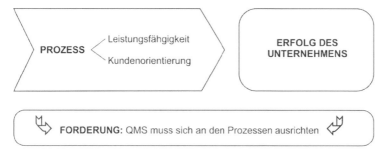

Abb. 8: Verknüpfung von Prozesseigenschaften und Unternehmenserfolg - Quelle: Eigene Grafik in Anlehnung an Linß 2011: 54.

Vorteile der Prozessorientierung sind insbesondere die geringeren Kosten und Durchlaufzeiten aufgrund der effektiven Nutzung der Ressourcen, die bessere Vorhersagbarkeit von Ergebnissen und die Möglichkeit von gezielten Verbesserungen. Üblicherweise führt die Prozessorientierung im Rahmen ihrer Anwendung zum systematischen Festlegen der Tätigkeiten für die Ziel- und Ergebniserreichung, zu einem eindeutigen Festlegen von Verantwortlichkeiten für Schlüsseltätigkeiten und zu einer Bewertung der Risiken, Folgen und Auswirkungen von Tätigkeiten für und auf Kunden,

Lieferanten, die Organisation und alle interessierten Parteien (vgl. DIN EN ISO 9004 2009: 118 f.).

Umgesetzt wird die Prozessorientierung mittels des Prozessmanagements (s. Kap. 2.4.2). Dieses zielt darauf ab die Prozessqualität und damit die Kundenzufriedenheit zu verbessern, Kosten und Zeitaufwand zu reduzieren und umfasst neben planerischen und organisatorischen auch kontrollierende Maßnahmen zur zielorientierten Steuerung der Unternehmensprozesse (vgl. Hummel, Malorny 2011: 94 ff.; Kamiske, Brauer 2002: 57).

2.5.5 Systemorientierter Managementansatz

Dieser Grundsatz bezieht sich darauf, dass das „Ermitteln, Verstehen, Leiten und Lenken von miteinander in Wechselbeziehung stehenden Prozessen als System .. zur Wirksamkeit und Effizienz der Organisation beim Erreichen der Ziele .." beiträgt (DIN EN ISO 9000 2005: 5). Jeder muss verstehen, dass Prozesse nicht voneinander losgelöst existieren, sondern ein System bilden (vgl. Herrmann, Fritz 2011: 199).

Dieser Grundsatz schafft die Basis um alle Bemühungen auf die Schlüsselprozesse konzentrieren zu können und schafft Vertrauen bei allen Beteiligten in Bezug auf „... die Widerspruchsfreiheit, Wirksamkeit und Effizienz der Organisation" (DIN EN ISO 9004 2009: 119).

Die Anwendung dieses systemorientierten Ansatzes führt üblicherweise dazu, dass das System derart strukturiert ist, das die Organisationsziele auf die wirksamste und effizienteste Weise erreicht werden. Des Weiteren fördert dieser Grundsatz das Verständnis über die gegenseitigen Beziehungen zwischen den Systemprozessen und deren Abstimmung aufeinander. Ein besseres Verständnis bezüglich der zur Zielerreichung notwendigen Aufgaben und Verantwortungen, das Festlegen der Tätigkeitsabläufe innerhalb des Systems und das ständige Verbessern des Systems durch Messung und Evaluierung sind als weitere Folgen der Anwendung dieses Grundsatzes zu nennen (vgl. DIN EN ISO 9004 2009: 119 f.).

2.5.6 Ständige Verbesserung

„Die ständige Verbesserung der Gesamtleistung der Organisation stellt ein permanentes Ziel der Organisation dar" (DIN EN ISO 9000 2005: 5). Gemeint ist, dass jeder immer auf der Suche nach Verbesserungen sein muss.

Ständige Verbesserung muss als „… prozessorientierte Denkweise im Sinne einer Geisteshaltung …" verstanden werden (Kamiske, Brauer 2002: 81).

Wesentliches Merkmal ist, dass sie durch eine Fähigkeitsverbesserung des Unternehmens zu einem Leistungsvorsprung führt, die zielgerichteten Verbesserungsmaßnahmen auf alle Ebenen fokussiert sind und die Möglichkeit zum raschen Reagieren auf Chancen besteht. Ständige Verbesserung führt zu einer regelmäßigen Schulung der Mitarbeiter in Bezug auf die Methoden und Werkzeuge des Grundsatzes und dazu, dass die permanente Verbesserung von Produkten, Prozessen und des Systems als Ziel jeder Person der Organisation gesehen wird (vgl. DIN EN ISO 9004 2009: 120 f.).

Der ständigen Verbesserung liegen nachfolgende Prinzipien zugrunde (vgl. Kostka, Kostka 2011: 16 f.):

- Mitarbeiter- und Kundenorientierung
- Ziel- und Ergebnisorientierung
- Prozess- und Qualitätsorientierung
- Transparenz- und Faktenorientierung
- Verbesserungs- und Nachhaltigkeitsorientierung

Hummel und Malorny differenzieren im Rahmen der ständigen Verbesserung zwischen personenorientiertem Kaizen, gruppenorientiertem Kaizen und managementorientiertem Kaizen. Kaizen bedeutet „Veränderung zum Besseren" und ist ein endloser kontinuierlicher Verbesserungsprozess (KVP) (vgl. Hummel, Malorny 2011: 81).

- **Personenorientiertes Kaizen:**
  Hier liegt der Focus auf Verbesserungen beschränkt auf den eigenen Arbeitsplatz. Der gesunde Menschenverstand ist die ausschlaggebende Kraft für die Umsetzung (vgl. Hummel, Malorny 2011: 82).

- **Gruppenorientiertes Kaizen:**
  Die Verbesserungen gehen über den eigenen Arbeitsplatz hinaus, bleiben aber auf einen Arbeitsbereich beschränkt (vgl. Hummel, Malorny 2011: 83).

- **Managementorientiertes Kaizen:**
  Das Management befasst sich mit Verbesserungen, die einer Veränderung am System bedürfen. Diese Veränderungen haben unternehmensweite Auswirkungen (vgl. Hummel, Malorny 2011: 83 f.).

Wichtig im Rahmen der kontinuierlichen Verbesserung ist die Überprüfung messbarer Ziele und das ständige Hinterfragen der vorhandenen Verfahrensweisen, da auch ein fehlerhafter Prozess ein Ziel verfehlen lässt. Änderungen im Rahmen von KVP sollten in kleinen Schritten durchgeführt werden, um die Anwender nicht zu überfordern. Ein eingeführtes Qualitätsmanagementsystem muss durch alle Beteiligten gelebt werden. Die Mitarbeiter müssen zu der Überzeugung gelangen, dass sie neue Verfahren und Ansätze zulassen müssen, um erfolgreich zu sein und die Dokumente als hilfreiche Sollvorgaben in täglichen Arbeitsprozess betrachten (vgl. Schwerdtner 2005: 5 f.).

Tabelle 8 vergleicht die Auswirkungen der ständigen Verbesserung auf die Mitarbeiter und auf die Firma:

Auswirkungen auf die Mitarbeiter	Auswirkungen auf die Firma
• Gesteigertes Selbstvertrauen durch individuelles und gemeinschaftliches Lösen von Problemen • Stärkere Identifikation mit dem Unternehmen durch Mitbestimmungsmöglichkeiten am Arbeitsablauf • Erhöhte Arbeitszufriedenheit durch die Mitgestaltung des eigenen Arbeitsplatzes • Geringerer Krankenstand	• Verbesserung der Zusammenarbeit auch zwischen den Bereichen • Verbesserte Arbeitprozesse • Reduzierung von Entwicklungs- und Produktionskosten • Erhöhte Wettbewerbsfähigkeit

Tab. 8: Auswirkungen der ständigen Verbesserung - Quelle: Eigene Tabelle in Anlehnung an: Hummel, Malorny 2011: 84.

Um die Leistungsfähigkeit der Prozesse ständig zu verbessern und zu erhöhen empfiehlt sich die Anwendung der PDCA-Methode. Der in der Abbildung 9 dargestellte Deming-Zyklus muss fester Bestandteil der Arbeitsweise aller Mitarbeiter werden, um die ständige Verbesserung umsetzen zu können:

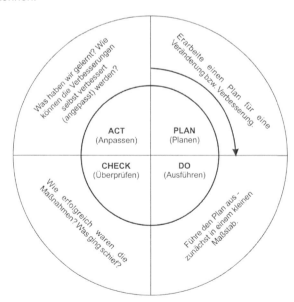

Abb. 9: Deming Zyklus - Quelle: Eigene Grafik in Anlehnung an: Hummel, Malorny 2011: 82.

Der PDCA-Methode gliedert sich in die nachfolgenden Phasen (vgl. DIN EN ISO 9001 2008: 7):

- **Plan (Planen):**
  Festlegen von Zielen und Prozessen zum Erreichen von kundenanforderungsgemäßen Ergebnissen

- **Do (Durchführen):**
  Verwirklichung der Prozesse

- **Check (Prüfen):**
  Messung und Überwachung der Prozesse und Produkte sowie Berichterstattung der Ergebnisse

- **Act (Handeln):**
  Maßnahmendurchführung zur ständigen Verbesserung der Prozessleitung

Nach Schwerdtner bedeutet dieses Prinzip im Bauwesen (vgl. Schwerdtner 2005: 6):
- Erstellung von Soll-Dokumenten (Plan)
- Erstellung von Aufzeichnungen während der Projektdurchführung (Do)
- Anschließende Analyse mittels eines Soll-Ist-Vergleichs (Check)
- Einleitung von Korrekturmaßnahmen im Fall von Abweichungen (Act)

Eine Methode ständige Verbesserung am eigenen Arbeitsplatz oder im eigenen Arbeitsbereich zu leben ist die Anwendung des 5S-Konzeptes (vgl. Kroslid et al. 2011: 6; Kamiske, Brauer 2002: 43; Kostka, Kostka 2011: 73 ff.).

5S steht für *Seiri:* Ordnung schaffen, sortieren, aussortieren
Seiton: Systematisieren, aufräumen, Ordnungsliebe, jeden Gegenstand am richtigen Ort aufbewahren
Seiso: Sauberkeit, Arbeitsplatz sauber halten
Seiketsu: Standardisieren, Anordnung zur Regel machen, persönlicher Ordnungssinn
Shitsuke: Selbstdisziplin

5S ist ein Synonym für die Gestaltung, Organisation und Standardisierung von Gegenständen und des Arbeitsumfeldes in begrenzten Bereichen. Es geht darum, dass jeder Gegenstand seinen definierten Platz bekommt, Platz und ein angenehmes Arbeitsumfeld geschaffen wird und die Selbstdisziplin der Mitarbeiter gesteigert wird. 5S strebt überschaubare Arbeitsabläufe an, trägt dazu bei dass Verschwendung beseitigt wird und knappe Ressourcen rechtzeitig identifiziert werden.

5S kann als „… kontinuierlicher Instandhaltungsprozess des Arbeitsumfeldes, um mehr Zeit für Wertschöpfung zu haben …" betrachtet werden (Kostka, Kostka 2011: 74).

Dies ist besonders bei Unterlagen, die zentral aufbewahrt und von verschiedenen Mitarbeitern genutzt werden, (z.B. Produkthandbücher, Kundenordner, Preislisten, usw.) von Vorteil, da aufgrund der Ordnung und Systematisierung davon ausgegangen werden kann, dass entnommene Ordner auch wieder an ihren Platz zurückkehren und somit eine lange Suche vermieden werden kann.

Im Rahmen der ständigen Verbesserung sollten Kundenreklamationen auch als Chance zur Verbesserung gesehen werden. In Bauunternehmen treten vor allem nachfolgende Probleme auf die einer ständigen Verbesserung bedürfen:

- Abrechnungen der Auftragnehmer sind teilweise nicht nachvollziehbar, weisen Fehler auf und erfordern daher einen übermäßigen Zeitaufwand zur Kontrolle. Die Rechnungen werden entweder nicht

zeitnah zur tatsächlichen Leistungserbringung gestellt oder bereits vor der Fertigstellung der Leistung
- Rohbauabnahmen seitens der Rohbaubauleiter werden zu flüchtig durchgeführt, wodurch im Rahmen des Innenausbaues erhöhte Aufwendungen nötig sind
- Es gibt Kommunikations- und Koordinationsprobleme zwischen Rohbauabteilung und Ausbauabteilung
- Es kommt immer wieder zu Missverständnissen zwischen Verkauf, Ausführungsplanung und Bauleitung bzgl. der tatsächlich zu erbringenden Leistung, da Aufträge oftmals Fehler aufweisen
- Auftragsvergaben an Subunternehmen weisen Fehler und ungenaue Anforderungen auf
- Kundenanforderungen werden zu ungenau erfasst und vom Kunden gewünschte und vereinbarte Ergänzungen zum Kundenauftrag fehlen
- Termine werden nicht eingehalten

2.5.7 Sachbezogener Ansatz zur Entscheidungsfindung

Dieser Grundsatz besagt, dass wirksame Entscheidungen auf der Erhebung und Analyse von Daten und Informationen beruhen (vgl. DIN EN ISO 9000 2005: 5; Herrmann, Fritz 2011: 199).

Die Grundsatzanwendung ist die Voraussetzung für fundierte Entscheidungen und ermöglicht es Entscheidungen leichter zu bewerten und stellt sicher, dass Daten und Informationen präzise und verlässlich sind, das die Daten am richtigen Ort zur richtigen Zeit verfügbar sind (vgl. DIN EN ISO 9004 2009: 121).

2.5.8 Lieferantenbeziehung zum gegenseitigen Nutzen

Die Qualität eines errichteten Bauwerks hängt im erheblichen Maße von der Qualität der Zulieferbetriebe und Subunternehmer ab. Es ist nicht notwendig viele Lieferanten zu haben, vorteilhaft ist die Konzentration auf wenige Lieferanten, die wie das Unternehmen selber Qualität an die oberste Stelle setzen und an ständiger Verbesserung interessiert sind. Sie werden jedoch nur in eine Geschäftsbeziehung investieren, wenn diese auf gegenseitigem Vertrauen aufbauen kann (vgl. Hummel, Malorny 2011: 51). Wichtig ist zu verstehen, dass das billigste Angebot nicht immer das günstige Angebot ist.

Die DIN EN ISO 9000:2005 beschreibt diesen Grundsatz wie folgt:
„Eine Organisation und ihre Lieferanten sind voneinander abhängig. Beziehungen zum gegenseitigen Nutzen erhöhen die Wertschöpfungsfähigkeit beider Seiten" (DIN EN ISO 9000 2005: 6).

Eine bewusste Lieferantenintegration zielt darauf ab die Wertschöpfung der Partner zu verbessern, gemeinsam flexibel auf veränderte Anforderungen zu reagieren und eine Kosten- und Ressourcenoptimierung zu erreichen. Die Umsetzung sollte dazu führen, dass die Partner langfristigen Beziehungen den Vorrang vor kurzfristigen Gewinnen geben, dass gemeinsam Problemlösungen gesucht werden, und dass es eine ehrliche und offene Kommunikation zwischen den Partnern gibt (vgl. DIN EN ISO 9004 2009: 122 f.). Die Beachtung der Lieferantenintegration ermöglicht einem Bauunternehmen und seinen Subfirmen und Lieferanten Kosteneinsparungen aufgrund geringerer Anbahnungskosten, geringerer Verhandlungsführungskosten, sinkender Qualitätssicherungs- und Qualitätslenkungskosten und geringerer Kosten für Korrekturmaßnahmen. Für die Lieferanten und Subfirmen eröffnet sich zudem die Möglichkeit, eventuell größere Stückzahlen rationell zu fertigen (vgl. Hummel, Malorny 2011: 51).

Bauunternehmen sollten bei der Lieferantenauswahl ein besonderes Augenmerk auf nachfolgende Punkte legen (vgl. Hummel, Malorny 2011: 52):
- Qualitätsfähigkeit des QMS des Lieferanten (sofern bereits vorhanden)
- Prozess- und Produktqualität der Lieferanten und Subunternehmen
- Verhalten bei Beanstandungen
- Kommunikationsfähigkeit
- Liefertreue, Lieferflexibilität

- Kostendisziplin und ständige Kostenreduzierung

2.6 Wirtschaftlichkeit von TQM

Zu hohe Kosten für die Einführung und die Frage nach der Wirtschaftlichkeit eines QMS werden von Unternehmensleitungen gerne angeführt, um sich dem Thema QM zu entziehen. TQM stellt ein Wechselspiel von konkurrierenden Chancen und Anforderungen dar. Gerade kostenseitig ergibt sich die Chance, trotz erhöhter Aufwendungen für Schulungen und die Schaffung von Strukturen aufgrund der TQM-Einführung, insgesamt die Wirtschaftlichkeit zu steigern.

Aus der Abbildung 10 ist ersichtlich, wie sich die Relationen zwischen Aufwand und Ertrag aufgrund der Anwendung von TQM ändern können:

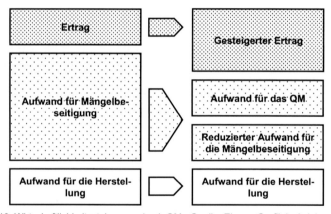

Abb. 10: Wirtschaftlichkeitssteigerung durch QM - Quelle: Eigene Grafik in Anlehnung an: Fritz 1997: 25.

Die in Kap. 2.5.1 angeführte Dienstleistungsqualität spielt in Bezug auf die Kosten eine wichtige Rolle. Zunächst entstehen logischerweise Kosten durch z.B. Schulungsmaßnahmen um eine hohe Dienstleistungsqualität zu erreichen. Auf der anderen Seite werden die Kosten durch z.B. verringerte Beschwerdebearbeitungen aufgrund von geringeren Qualitätsfehlern oder effizienteren Abläufen sinken (vgl. Bruhn 2008: 64). Zudem ist TQM seinem Wesen nach darauf ausgerichtet Wirtschaftlichkeitsziele und die dazu notwendigen Bedingungen zu realisieren (vgl. Jacobi 2010: 79).

Abbildung 11 zeigt den Zusammenhang zwischen TQM, Wirtschaftlichkeitszielen und benötigten Bedingungen:

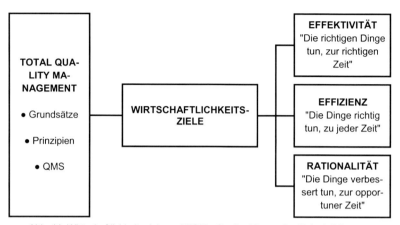

Abb. 11: Wirtschaftlichkeitsziele und TQM - Quelle: Eigene Grafik in Anlehnung an: Jacobi 2010: 79.

Mittels TQM ist es zudem möglich „qualitätsbezogene Verluste" zu vermeiden, die ursächlich auf der Nichterfüllung von Qualitätsanforderungen beruhen. Nach Jacobi stellen die nachfolgenden Punkte die wichtigsten fehlerbedingten Verluste dar (vgl. Jacobi 2010: 95):

- **Fehlerkosten** (zusätzliche Kosten)
- **Mindererlöse**
- **Produktivitätsverluste**
    - Leistungsverluste (Produktionsausfall, Potentialausfall)
    - Verlustzeiten (Ausrüstungsausfall, Personalverlustzeiten)
    - Mehraufwendungen (Produktionskapazität, Potenzial)
- **Kundenabwanderungen** (Marktverlust)
- **Temporäre Verluste**
    - Time to Market (Verlust an Premium-Preisen)
    - Lieferverzug (Vertragsstrafen)
- **Mitarbeiterdemotivation** (Kreativitätsverlust, Demotivation)
- **Organisationsverluste** (Teamwork-Verluste, Ineffizienz der Ablauforganisation, Deformation optimaler Strukturen)

- **Imageverluste** (Neukundendefizite, Schwächung der Marktposition, Schwächung der Wettbewerbsfähigkeit, Schädigung der Unternehmenskultur und der Akzeptanz beim Kunden)

Werden Fehler und damit folglich Nacharbeiten vermieden, somit alles gleich richtig gemacht, können Schätzungen zufolge die Produktions- und Verwaltungskosten um dreißig Prozent sinken, sich der Gewinn und das Wachstum verdoppeln und die Produktivität um dreißig Prozent erhöht werden (vgl. Kamiske, Umbreit 2008: 29 f.).

2.7 Gründe für die Einführung von TQM im Bauunternehmen

TQM liefert vielfältige Gründe, die für eine Umsetzung des Konzepts sprechen. Neben Termingenauigkeit, Kosten- und Ressourceneinsparungen, Marketingaspekten, Minimierung von Fehlerkosten und -häufigkeiten, zählen auch die Steigerung der Mitarbeitermotivation, das Schaffen eindeutiger Verantwortlichkeiten und definierter Schnittstellen, die Ausrichtung des Unternehmens an den Anforderungen der Bauherren, die Regelung von Verantwortlichkeitsübergängen und Tätigkeiten sowie natürlich die Erhöhung der Kundenzufriedenheit dazu. Allgemein bietet ein QM Firmen, die im Wachstum begriffenen sind oder ihr Wachstum bereits abgeschlossenen haben, die Möglichkeit ihre Organisation systematisch zu organisieren (vgl. Ackerl 1996: 2). Nachfolgend werden einige für ein Bauunternehmen wesentliche Gründe, neben der allgemeingültigen Kundenzufriedenheit, exemplarisch angeführt und beschrieben.

- **Wettbewerbsvorteile:**

  TQM kann einem Bauunternehmen durch die Realisierung von überragendem Kundenservice helfen Wettbewerbsvorteile gegenüber den Mitbewerbern zu erlangen. Die Leistungen eines Bauunternehmens werden aus Bauherrensicht überwiegend anhand des angebotenen Preises beurteilt. Um besser zu sein als die Konkurrenz und dadurch Kunden zu gewinnen muss ein Bauunternehmen Möglichkeiten finden um sich von Mitbewerbern zu unterscheiden, abzuheben, langfristig gegenüber diesen zu bestehen und dadurch die Zufriedenheit der Bauherren zu erhöhen. Im Rahmen der Kernleistung eines Bauunternehmens (z.B.: Errichtung von Wohnhäusern im privaten Sektor) wird dies aufgrund der geringen Differenzierbarkeit in gesättigten Märkten kaum noch möglich sein. Vorteile werden überwiegend durch Zusatz- und produktbegleitende Leistungen wie ausführliche und kompetente Beratung und Service ermöglicht (vgl. Scharnbacher, Kiefer 2003: 14 f.). Ein weiterer Grund ist der seit Jahren anhaltende Preiskampf, der die Branche hochgradig instabil macht (vgl. Porter 2008: 52). Porter sieht die Gefahr das bei langlebigen Konsumgütern die Nachfrage abrupt sinkt (vgl. Porter 2008: 224 ff.). Es kann davon ausgegangen werden, dass sich die Rahmenbedingungen für Bauunternehmen in den nächsten Jahren nicht verbessern, werden, sondern eher noch verschlechtern und es dadurch bei fehlender Vorbereitung noch schwieriger wird, am Markt zu bestehen.

- **Kundenkommunikationsverhalten:**

Bauunternehmen sind in einer Branche tätig die keine Produkte liefert die Wiederholungskäufe zulässt. Es gibt zwar den schönen Spruch „Erst das dritte Haus ist so, wie es sich der Bauherr vorstellt" in der Praxis wird jedoch kaum jemand drei Häuser bauen. Daraus kann man folgern, dass sich ein Bauunternehmen Mittel und Wege bedienen muss, um immer wieder neue Kunden zu gewinnen. Hierbei spielt die Mundpropaganda durch die bestehenden Bauherren eine herausragende Rolle. Zufriedene Bauherren berichten Freunden und Bekannten positiv von dem Unternehmen (vgl. Scharnbacher, Kiefer 2003: 1; Bruhn 2008: 64). Ist die Qualität nicht entsprechend den Erwartungen der Bauherren, wird auch die Mundpropaganda ungünstig für ein Unternehmen ausfallen. Studien zeigen, dass zufriedene Kunden mit vier bis fünf weiteren Personen über ihre positiven Erfahrungen sprechen, aber unzufriedene Kunden im Gegenzug mit neun bis sechzehn Personen über ihre schlechten Erfahrungen (vgl. Michel 2001: 10).

- **Organisation und Dokumentation:**
Die Durchsetzung eigener bzw. die Abwehr fremder Ansprüche gelingt im Rahmen von Streitigkeiten zwischen einem Auftragnehmer und einem Auftraggeber meist nur demjenigen, der die qualitativ bessere Dokumentation vorweisen kann. Eine einfache, systematische, vollständige, verständliche und ohne großen Aufwand weiterentwickelbare Dokumentation mit systematischer Ablageordnung und standardisierten Formularen erleichtert den Nachweis der unternehmerischen Sorgfaltspflicht in Haftungsfragen sowie die Bearbeitung von Mängelanzeigen (vgl. Schwerdtner 2005: 2 ff.; Quality Austria 2011: 104). TQM ermöglicht die Schaffung einer systematisierten, strukturierten Organisation mit klaren Zuständigkeiten, Abläufen und Regelungen. Die auf der Baustelle erbrachte Qualität kann durch geregelte und systematische Dokumentation verbessert werden und Mitarbeiter werden zu Aus- und Weiterbildung animiert (lernende Organisation).

TQM ermöglicht es wesentliche Anforderungen wie die Vermeidung von Terminverzögerungen, die Verbesserung der Termin- und Liefertreue, die Vermeidung falscher Bestellungen bzw. falscher Lieferungen, die Vermeidung falscher Pläne und teurer Nacharbeiten zu erfüllen, nicht definierte Verantwortungen klar zu definieren, Mitarbeiter zu motivieren, Kosten zu senken und damit den Gewinn zu steigern (vgl. Linß 2011: 3). Nicht zuletzt muss die Verarbeitung der schier unerschöpflichen Flut von ständig neuen Informationen derart organisiert werden, dass Wesentliches von Unwesentlichem getrennt wird und die notwendigen Informationen der richtigen Person, zur richtigen Zeit, am richtigen Ort zur Verfügung stehen.

- **Rechtliche Entwicklungen:**
Fehler und Mängel sind immer wieder Gründe für Konflikte zwischen Bauunternehmen und Bauherren. Bei Betrachtung des Gesetzestextes in Bezug auf die Gewährleistung erkennt man, warum TQM für ein Bauunternehmen von Bedeutung ist.

Gewährleistung nach § 922 ABGB:
„(1) Wer einem anderen eine Sache gegen Entgelt überlässt, leistet Gewähr, dass sie dem Vertrag entspricht. Er haftet also dafür, dass die Sache die bedungenen oder gewöhnlich vorausgesetzten Eigenschaften hat, dass sie seiner Beschreibung, einer Probe oder einem Muster entspricht und dass sie der Natur des Geschäftes oder der getroffenen Verabredung gemäß verwendet werden kann" (ABGB 2012: o.S.).

Der Gesetzestext wurde auch in die ÖNORMEN übernommen. In der ÖNORM A 2060 „Allgemeine Vertragsbestimmungen für Leistungen" zur Gewährleistung wird festgehalten:
„Der AN leistet Gewähr, dass seine Leistungen die im Vertrag bedungenen oder gewöhnlich vorausgesetzten Eigenschaften haben, dass sie seiner Beschreibung, einer Probe oder einem Muster entsprechen und dass sie der Natur des Geschäftes oder der getroffenen Vereinbarung gemäß verwendet werden können" (ÖNORM A 2060 2011: 23).

Rechtliche Entwicklungen wie z.B. die Produkthaftung, Schadenersatz und Gewährleistung führen dazu, dass nicht unerhebliche Kosten für ein Bauunternehmen als Folge von Fehlern und Mängeln entstehen können (vgl. Herrmann, Fritz 2011: 5). Diese können durch TQM minimiert werden. Ein Bauunternehmen ist zum eigenen aber auch zum Wohle der Bauherren auf klare Verträge mit den Bauherren und den Lieferanten angewiesen. Da ein Schadenersatzanspruch längstens nach dreißig Jahren verjährt, lässt sich auch daran der Sinn einer systematischen, strukturierten Dokumentation erkennen. Wer weiß schon nach zwei Jahren noch alles über ein bereits abgeschlossenes Bauvorhaben? Wie soll man dann erst nach z.B. zwanzig Jahren noch Einzelheiten wissen?

TQM kann somit der aktiven Prävention bzw. der frühzeitigen Klärung von Konflikten und der besseren Durchsetzungsmöglichkeiten eigener Ansprüche dienen (vgl. Schwerdtner 2005: 5 ff.).

- **Personalwechsel:**
    Aufgrund der im Rahmen des Qualitätsmanagements durchgeführten Dokumentation (Unterlagen, Dokumente, Aufzeichnungen) und deren geordneter Verwaltung vollziehen sich Personalwechsel ohne größere Probleme für ein Bauunternehmen, da es dadurch möglich ist mittels Arbeitsanweisungen und Vorlagen strukturierte und systematische Übergabegespräche durchzuführen. Neue Mitarbeiter finden in der bestehenden Dokumentation eine effektive Hilfe um ihre Aufgaben nach kurzer Zeit erfüllen zu können. Geplante oder ungeplante Abwesenheit des Stelleninhabers wird nicht zu einem Problem für den Stellvertreter, da TQM für geordnete Verhältnisse sorgt (vgl. QM-Aktiv 2001: 4; vgl. Schwerdtner 2005: 4). Die Gefahr, dass aufgrund von Personalwechseln Informationen in unterschiedlichen Mengen verloren gehen (Inselwissen) muss verhindert werden (vgl. Lanzinger 2005: 1).

- **Fehlernutzung zur Verbesserung, Fehlerkostenreduzierung:**
    Ein funktionierendes TQM ermöglicht das Lernen aus Fehlern. Regelmäßige Anforderungen von Bauherren können in das QMS integriert werden. QM schafft es Prozesse transparenter darzustellen und die Mitarbeiter wissen über ihre Pflichten besser Bescheid (vgl. Schwerdtner 2005: 5 ff.). Infolge des Lernens aus Fehlern sollte es auch möglich sein, die Fehlerkosten so gering wie möglich zu halten, da Ausführungsfehler reduziert und Wiederholungsfehler verhindert werden und es zu weniger Nachbesserungen während der Bauzeit kommt. (vgl. Quality Austria 2011: 104). Aufgrund der konsequenten Qualitätsausrichtung wird es möglich sein, Qualitätsstreuungen so gering wie möglich zu halten und Fehlerquoten zu reduzieren. Geringe Gewinnmargen und eine immer schwieriger werdende Auftragssituation zwingen das Bauunternehmen Gewährleistungsschäden und Ausführungsmängel (oftmals Wiederholungsfehler) im Voraus auszuschließen. Durchschnittliche Fehlerkosten bewegen sich in einem Rahmen von ca. sechs bis acht Prozent der Herstellkosten und lassen teilweise den gesamten Ertrag dahinschmelzen (vgl. Quality Austria 2011: 104).

Ein wesentliches Kriterium für ein Bauunternehmen ist die Vermeidung von Schäden aufgrund von Baumängeln. Die nachfolgende Abbildung 12 schlüsselt die prozentuale Verteilung der Schadensursachen im österreichischen Baugeschehen (Stand 2005) und die dazugehörigen Prozentwerte anschaulich auf. Mittels eines wirksamen TQM können sowohl Planungs-, Ausführungs- als auch Materialfehler vermieden werden.

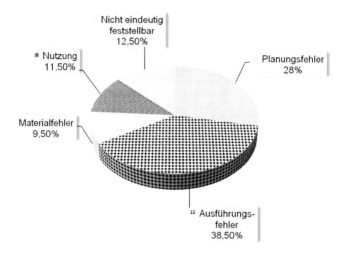

Abb. 12: Schadensursachen im österreichischen Baugeschehen - Quelle: Eigene Grafik in Anlehnung an: Balak 2005: 73.

Interessant im Zusammenhang mit der Abbildung 12 ist eine Grafik von Kamiske, die darstellt, welche Unternehmensebene welchen Anteil an der Problemlösungsmöglichkeit hat. Demnach müssen achtzig bis fünfundachtzig Prozent der Probleme von Ingenieuren, leitenden Angestellten und der Geschäftsführung gelöst werden (vgl. Kamiske 2010: 34).

Argumentationen TQM aufgrund der Implementierungskosten nicht einzuführen und es als Kostentreiber abzustempeln sind haltlos, da die Erfahrung zeigt, dass die Kosteneinsparungen aufgrund von TQM die Einführungskosten um ein vielfaches übersteigen.

- **Kundenwahrnehmung, Schnittstellengestaltung, Unternehmensziele:**

Immer mehr stehen Vor- oder Nachunternehmern die benötigen Unterlagen nicht in ausreichender Qualität zu Verfügung (vgl. QM-Aktiv 2009: 2). TQM ermöglicht diesbezüglich eine vertiefe Schnittstellengestaltung zwischen Bauherren, Auftraggebern, Planern, Nachunternehmern, Behörden und Lieferanten mit dem Ergebnis, dass sich die Zusammenarbeit aller am Bauprozess Beteiligten verbessert (vgl. Quality Austria 2011: 104).

Ein strukturiertes und systematisches Auftrags- und Reklamationsmanagement verhindert individuelle und auf Eigendynamik basierende Lösungen der Mitarbeiter, wodurch ein einheitlicher Umgang mit Kunden gewährleistet werden kann (vgl. QM-Aktiv 2008: 9). Aufgrund von TQM sollte es zu einer Effizienzsteigerung und zu einem einheitlichen Auftreten gegenüber Kunden kommen, da die Mitarbeiter die mit Schnittstellen in Kontakt kommen darauf vorbereitet sind. Mitarbeitern und Bauherren wird Sicherheit und Vertrauen vermittelt und es erfolgt ein Abbau von Doppelarbeit. Bauherren verlangen aufgrund des nicht unerheblichen finanziellen Aufwandes kurze Bauzeiten, Mängelfreiheit und termingerechte Lieferung, die nur eingehalten werden können, wenn das System darauf angepasst ist.

In einer 1996 durchgeführten Studie in KMU wurden die „Top Ten" der Zielsetzungen, die mit einem QM verbunden sind erhoben. Dabei setzten zweiundvierzig Prozent der befragten Unternehmen auf eine positive PR-Wirkung, sechsunddreißig Prozent auf eine Senkung der Fehlerkosten, dreiunddreißig Prozent auf eine Transparenz der Abläufe, dreißig Prozent auf eine Prozessoptimierung, jeweils einundzwanzig Prozent auf Kundenzufriedenheit und Wettbewerbsvorteile, usw. (vgl. Ackerl 1996: 2 ff.). Es kann davon ausgegangen werden, dass diese Zielsetzungen auch noch heute für ein TQM gültig sind.

2.8 TQM im Bauwesen - Überlegungen zur praktischen Anwendbarkeit

Besonders im Bauwesen muss ein TQM einfach, offen, transparent und wirksam gestaltet sein. Wenn sich ein Bauunternehmen entscheidet, TQM einzuführen, muss ein Einführungsplan erstellt werden, der darlegt was das Bauunternehmen tut und was es erreichen will. Kommen ein Qualitätsmanagementhandbuch und eine Vorgabe-Dokumentation zur Anwendung, dürfen diese nicht überbordend gestaltet sein. Anforderungen der Praxis zeigen, dass das QMS vollständig aber kurz und übersichtlich gehalten werden muss. Inhaltsverzeichnisse in Dokumentationen müssen logisch und klar aufgebaut sein. Dokumente sollten nur wirklich relevante Informationen in Stichworten, als Tabelle oder als Grafik enthalten, selbsterklärend sein und es sollte eine Konzentration auf wenige Dokumenttypen erfolgen.

Es gibt klare Regelungen bezüglich der erforderlichen Nachweise, die Ablage der Vorgabe- und Nachweisdokumente ist eindeutig definiert und für jedermann stringent, klar und logisch. Nicht zuletzt sind sowohl die Vorgehensweise für Dokumentenänderungen als auch die Verantwortlichkeiten klar geregelt und das Verbesserungswesen muss aktiv sein. Um dies zu erreichen, müssen alle die Prozesslandschaft als logisch und einfach verstehen und jeder muss wissen, in welchen Prozessen die eigene Leistung zu erbringen ist. Prozess-Vorgabedokumente können leicht gefunden werden, sie sind einfach und selbsterklärend strukturiert. Es empfiehlt sich die Erstellung einer geführten Liste mit den Vorgabedokumenten, um Wildwuchs zu vermeiden. Prozesse sind nur so weit geregelt, wie dies notwendig und gewollt ist (vgl. QM-Aktiv 2009: 3 f.). Um das eigene QMS den Erfordernissen der ständigen Verbesserung anzupassen, sollten die in Kap. 2.5 beschriebenen Grundsätze zur Leistungsverbesserung berücksichtigt werden.

Eine TQM-Realisierung in einem Unternehmen kann auf unterschiedlichste Art erfolgen. Wichtig ist dabei in Teilbereichen zu beginnen, um den Überblick zu bewahren und Frustrationen zu vermeiden. Nachfolgend soll erläutert werden, wie eine praktische Vorgehensweise zur Qualitätsverbesserung im Unternehmen aussehen könnte (vgl. QM-Aktiv 2007: 6).

Mitarbeiter und Unternehmensleitung erheben die wichtigen und aktuellen Probleme, bewerten diese anschließend nach ihrer Wichtigkeit. Unter Wichtigkeit fallen Faktoren wie die Wirkungen für den Kunden, finanzielle Auswirkungen für das Unternehmen und die Häufigkeit der Probleme. Jedem Problem wird eine Prioritätsstufe zugeordnet, wodurch man als Ergebnis eine nach Dringlichkeit und Wichtigkeit geordnete Problemliste erhält. Anschließend erfolgt für jedes Problem eine Zielvereinbarung, wer welches Problem bis wann zu lösen hat. Die Umsetzung hat unter Einbeziehung der mit dem Problem Betroffenen zu erfolgen. Als Ergebnis erhält man Teams mit Zielen und Terminen.

Im nächsten Schritt erarbeiten die Teams die Problemlösungen und empfehlen der Unternehmensleitung oder dem Vorgesetzten die favorisierte Lösung. Vorgesetzter oder Unternehmensleitung entscheiden über die Umsetzung der Lösung. Das Ergebnis sollte die umgesetzte Verbesserung sein. Die Unternehmensleitung muss sich anschließend davon überzeugen, dass das Problem gelöst, der Erfolg eingetreten, der neue verbesserte Zustand neuer Standard und der Kreis geschlossen ist.

3 Resümee

TQM ist nichts das im „Vorbeigehen" realisiert werden kann. Wenn die Führung ihre Managementaufgaben im Rahmen von TQM nicht ernsthaft wahrnimmt, wird die TQM-Einführung scheitern oder gar nicht beginnen. Keiner der Beteiligten darf sich der Illusion hingeben, eine TQM-Einführung wäre einfach und schnell erledigt. Die Unternehmensleitung muss sich intensiv mit der Entwicklung eines Leitbildes befassen und klarstellen, wohin sie mit dem Unternehmen in den nächsten Jahren will. Sie muss TQM leben, und damit als Vorbild für die Mitarbeiter dienen. Mit TQM kann ein Bauunternehmen seine gesamten Geschäftsprozesse auf Qualität im umfassenden Sinn ausrichten und dadurch Vorteile im Geschäftsleben erreichen. Dadurch ist es dem Bauunternehmen möglich Aussagen darüber zu treffen, wie erfolgreich es ist. Messen lässt sich der Erfolg unter anderem an z.B. verminderten Krankenständen der Mitarbeiter, verminderten Kosten aufgrund von Reklamationen, höheren Umsätzen usw.

Im Rahmen von TQM sind Prozessorientierung, Kundenorientierung und KVP untrennbar miteinander verbunden.

TQM berührt alle Unternehmensbereiche, zielt auf eine ständige Verbesserung der Qualität im Unternehmen ab, stellt gleichzeitig eine große Herausforderung an das Unternehmen mit seiner Führung und seinen Mitarbeitern dar und wird nur bei hohem Engagement der Unternehmensführung als auch der Mitarbeiter realisierbar sein. Die Ziele von TQM werden auch dann nicht erreichbar sein, wenn rein die „Zertifizierung" als übergeordnetes Endziel angestrebt wird und eine Umsetzung der TQM-Philosophie hinten angestellt wird. Im Gegensatz dazu kann TQM auch ohne Zertifizierungsabsichten eingeführt werden, wobei es sich als sinnvoll darstellt, TQM auf ein QMS nach der „DIN EN ISO 9000-Familie" aufzubauen. Die Unternehmensleitung bzw. die Führungskräfte müssen die Mitarbeiter von der Sinnhaftigkeit der Einführung überzeugen und ständig bestrebt sein diese Überzeugung auch aufrecht zu erhalten. Jeder Schritt im Rahmen der TQM-Einführung muss geplant werden. Schritte zu überspringen ist ein absolutes Tabu, auch wenn die Langfristigkeit der Umsetzung dazu verleiten kann. Schlimmste Folge des übereilten Handelns wäre das Scheitern der TQM-Einführung.

TQM kann einem Bauunternehmen helfen sämtliche Prozesse strukturiert und organisiert ablaufen zu lassen und z.B. einem Personalwechsel gelassen entgegen zu sehen. Mit der Steigerung der Prozessqualität wird sich automatisch eine Steigerung der Wertschöpfung ergeben und das Unternehmen erhält zufriedene Bauherren und Mitarbeiter. Argumente gegen TQM aufgrund zu hoher Kosten sind nicht haltbar, da erwiesener Maßen die sich einstellenden Kostenvorteile die anfänglichen Investitionen übersteigen. Es ist nicht das Ziel von TQM die Mitarbeiter mit einer Flut von Formularen, Verfahrens- und Arbeitsanweisungen sowie Checklisten zu überfordern. Wenn dies geschieht, wurde der Grundsatz der „Ständigen Verbesserung" sträflich außer Acht gelassen und die Mitarbeiter werden ihre Motivation verlieren. Einfach aber ziel- und zweckgerichtet ist die goldene Regel.

Qualitätskontrollen am Ende der Leistungserbringung setzen, aufgrund des bereits eingetretenen Schadens und der damit in der Regel verbundenen hohen Kosten zur Behebung, zu spät an. Die Qualität muss von Beginn an gewährleistet sein, um Qualitätsmängeln vorzubeugen.

Die zukünftige Entwicklung der Managementsysteme wird in Richtung einer „Unternehmensqualität" gehen, die die Inhalte von Managementsystemen einschließt aber doch eindeutig darüber hinausgeht (vgl. Redling, Walder 2012: 3). Redling und Walder definieren Unternehmensqualität wie folgt: „Unternehmensqualität ist der gesamthaft wahrnehmbare Status eines Unternehmens (Organisation), aus Sicht aller Interessengruppen (Mitarbeiter, Kunden, Eigentümer, Lieferanten, Gesellschaft). Dieser Status umfasst Haltung (Kultur, Verhalten), Gestaltungshebel (Struktur, Abläufe) und Wirkungen (Ergebnisse, Produkte, Nutzen). Unternehmensqualität bezeichnet die aktuelle Güte, mit der das operative Geschäft umgesetzt und mit nachhaltiger Arbeit an der Zukunft verbunden wird" (Redling, Walder 2012: 4). Die Unternehmensqualität basiert auf dem EFQM-

Modell, welches wiederum auf den Grundelementen der „DIN EN ISO 9000-Familie" und TQM fußt.

Mit dem Entschluss TQM in das Unternehmen zu bringen und zu leben, tätigt ein Bauunternehmen den ersten Schritt zu einem umfassenderen Managementverständnis. Aufgrund der damit geschaffenen Voraussetzungen ist es in Zukunft möglich die eigene Entwicklung zur „Unternehmensqualität" zu schaffen und wenn notwendig und gewünscht eine Zertifizierung durchführen zu lassen.

Binner sieht die Notwendigkeit Qualitätsmanagement nicht isoliert zu betrachten, sondern in Zukunft das Augenmerk auf ein integriertes Management zu lenken. Seiner Meinung nach kann ein reines Qualitätsmanagement die Anforderungen nicht alleine erfüllen, sondern es muss auch z.B. ein Kosten-, ein Zeit-, ein Wissens- und ein Umweltmanagement integriert werden (vgl. Binner 2002: 30).

Die Einführung von TQM ist ein mehrjähriger Prozess und sollte in kleinen, überschaubaren Schritten erfolgen. Abgeschlossen ist TQM aufgrund der Ausrichtung an der ständigen Verbesserung nie. Im Zuge der Umstellung des Unternehmens auf TQM ist in der Regel ein umfassender Veränderungsprozess notwendig, wodurch Probleme auftreten können, auf die die Unternehmensführung vorbereitet und wogegen sie gerüstet sein muss.

Im Rahmen einer Studie zu „Change Management" wurde durch die Capgemini Consulting aufgelistet, mit welchen wesentlichen Problemen Veränderungsprozesse behaftet sind (s. Abb. 13).

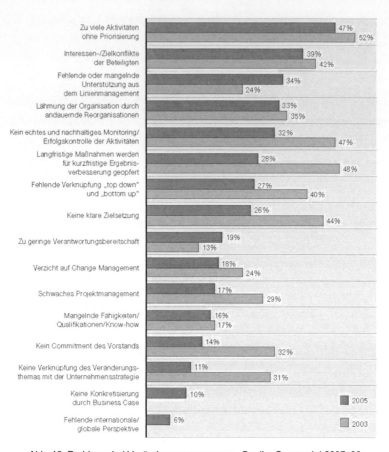

Abb. 13: Probleme bei Veränderungsprozessen - Quelle: Capgemini 2007: 39.

Die Einführung von TQM ist insbesondere für jedes Bauunternehmen das mit „Chaoszuständen" zu kämpfen hat empfehlenswert, um den Folgen in Form von Bauherrenunzufriedenheit (z.B. stagnierende Verkaufszahlen, vermehrte Mängelrügen, usw.) und Unzufriedenheit der Mitarbeiter (z.B. reger Personalwechsel, fehlende Motivation, usw.) sowie Konflikten innerhalb und außerhalb des Unternehmens gewappnet entgegen zu treten.

Abschließend kann nur empfohlen werden TQM zu implementieren und das Unternehmen damit auf einen dauerhaften Erfolgskurs auszurichten.

Literaturverzeichnis

Binner, H. F. (2002): Prozessorientierte TQM-Umsetzung, 2., verb. u. akt. Aufl., München: Hanser.

Bruhn, M. (2008): Qualitätsmanagement für Dienstleistungen, Grundlagen-Konzepte-Methoden, 7., Aufl., Berlin: Springer.

Fritz, H. (1997): Handbuch Qualitätsmanagement - Erfahrungen aus und für die Baupraxis, Erkrath: Bau + Technik.

Frehr, H. U. (1994): Total Quality Management - Unternehmensweite Qualitätsverbesserung, 2., Aufl., München: Hanser.

Füermann, T.; Dammasch, C. (2008): Prozessmanagement - Anleitung zur Ständigen Verbesserung, 3., Aufl., München: Hanser.

Garvin, D. A. (1988): Managing Quality - The strategic and competetive edge, New York: Free Press.

Hentze, J. et al. (2005): Personalführungslehre - Grundlagen, Funktionen und Modelle der Führung, 4., neu bearb. Aufl., Bern-Stuttgart-Wien: Haupt.

Hermann, J.; Fritz, H. (2011): Qualitätsmanagement - Lehrbuch für Studium und Praxis, München: Hanser.

Heß, M. (1997): TQM/Kaizen-Praxisbuch: Qualtitätszirkel und verwandte Gruppen im Total-quality-Management, Köln: TÜV Rheinland.

Hummel, T.; Malorny C. (2011): Total Quality Management - Tipps für die Einführung, 4., Aufl., München: Hanser.

Jacobi, H.-J. G. (2010) in Kamiske, G. F. (Hrsg.) (2010): Effizienz und Qualität - Systematisch zum Erfolg, 1., Aufl., Düsseldorf: Symposion.

Jung, H. (2010): Allgemeine Betriebswirtschaftslehre, 12., akt. Aufl., München: Oldenbourg.

Juran, J. M. (1989): Juran on leadership for quality - An executive handbook, New York: Free Press.

Kamiske, G. F. (Hrsg.) (1994): Die hohe Schule des Total Quality Managements, Berlin: Springer.

Kamiske, G. F.; Brauer, J.-P. (2002): ABC des Qualitätsmanagements, 2., Aufl., München: Hanser.

Kamiske, G. F.; Brauer, J.-P. (2008): Qualitätsmanagement von A bis Z - Erläuterung moderner Begriffe des Qualitätsmanagements, 6., Aufl., München: Hanser.

Kamiske, G. F.; Umbreit, G. (Hrsg.) (2008): Qualitätsmanagement - Eine multimediale Einführung, 4., akt. Aufl., München: Hanser.

Kamiske, G. F. (Hrsg.) (2010): Effizienz und Qualität - Systematisch zum Erfolg, 1., Aufl., Düsseldorf: Symposion.

Kostka, C.; Kostka, S. (2011): Der kontinuierliche Verbesserungsprozess - Methoden des KVP, 5., Aufl., München: Hanser.

Kroslid, D. et al. (2011): 5S - Prozesse und Arbeitsumgebung optimieren, München: Hanser.

Lietz, J.H. (1993): Von der Zweck-Gemeinschaft zur Sinn-Gemeinschaft. In: Kamiske, G. F. (Hrsg.) (1994): Die hohe Schule des Total Quality Managements, Berlin: Springer.

Linß, G. (2011): Qualitätsmanagement für Ingenieure, 3., akt. u. erw. Aufl., München: Hanser.

Lunze, U. (2008): Unternehmensführung, Studienbrief 3: Ausgewählte Aspekte der Unternehmensführung - Qualitätsmanagement. Studienbrief der Hamburger Fern-Hochschule.

Masing, W. (2007): Handbuch Qualitätsmanagement, 5., voll. neu bearb. Aufl., München: Hanser.

Macharzina, K. (2003): Unternehmensführung - Das internationale Managementwissen - Konzepte - Methoden - Praxis., 4., grundlegend überarb. Aufl., Wiesbaden: Gabler.

Maslow, A. H. (2008): Motivation und Persönlichkeit, 11., Aufl., Hamburg: Rowohlt.

Porter, M. E. (2008): Wettbewerbsstrategie - Methoden zur Analyse von Branchen und Konkurrenten, 11., durchg. Aufl., Frankfurt/Main: Campus.

Rothlauf, J. (2010): Total Quality Management in Theorie und Praxis - Zum ganzheitlichen Unternehmensverständnis, 3., Aufl., München: Oldenbourg.

Scharnbacher, K.; Kiefer, G. (2003): Kundenzufriedenheit - Analyse, Messbarkeit, Zertifizierung, 3., unw. ver. Aufl., München: Oldenbourg.

Schwab, A. J. (2010): Managementwissen - Know-How für Berufseinstieg und Existenzgründung, Berlin: Springer.

Seghezzi, H. D. et al. (2007): Integriertes Management - Der St. Gallener Ansatz, 3., voll. überarb. Aufl., München: Hanser.

Verbeck, A. (1998): TQM versus QM - Wie Unternehmen sich richtig entscheiden, 1., Aufl., Zürich: vdf.

Weis, H. C. (1990): Marketing, 7., überarb. u. erw. Aufl., Ludwigshafen: Kiehl.

Normen:

ÖNORM B 1801-3: Bauprojekt- und Objektmanagement - Planungskennzahlen. Ausgabe Juli 1999.

ÖNORM A 2060: Allgemeine Vertragsbestimmungen für Leistungen - Werkvertragsnorm. Ausgabe März 2011.

DIN EN ISO 8402:1994: Qualitätsmanagement - Begriffe. Ausgabe August 1995.

DIN EN ISO 9000:2005: Qualitätsmanagementsysteme - Grundlagen und Begriffe. Ausgabe Dezember 2005.

DIN EN ISO 9001:2008: Qualitätsmanagementsysteme - Anforderungen. Ausgabe Dezember 2008.

DIN EN ISO 9004:2009: Leiten und Lenken für den nachhaltigen Erfolg einer Organisation - Ein Qualitätsmanagementansatz. Ausgabe Dezember 2009.

Gesetze:

ABGB (2012): § 922 ABGB Gewährleistung, Jusline Österreich (berücksichtigter Stand der Gesetzgebung: 1. Februar 2012).
Online im Internet: „URL:http://www.jusline.at/922_Gew%C3%A4hrleistung_ABGB.html [Stand 04.02.2012]".

Online im Internet:

Ackerl, A.; Mandl, C. (1996): ISO 9000 - Anspruch und Wirklichkeit - eine Untersuchung bei österreichischen KMU.
„URL:http://www.mlp.co.at/fileadmin/artikel/iso9000.pdf [Stand 04.02.2012]".

Czipin Consulting (2010): Czipin Produktivitätsstudie 2010 - Österreichs Produktivität im Licht der Wirtschaftskrise. Aktuelle Ergebnisse zur Produktivität der Unternehmen & Führungskräfte.
„URL:http://www.czipin.com/Content/_uploads/czipin/produktiv.info/2011/ November/fc262f57-2156-4cfa-ab9d-02647851f814/Czipin_Studie_2010.pdf [Stand 15.02.2012]".

Hohler, B (o.J.): Total Quality Management.
„URL:http://www.iwi.uni-hannover.de/cms/images/stories/upload/lv/wisem0809/SQM/TQM.pdf [Stand 29.01.2012]".

Jodl, H. G. (2009): Nutzen der Qualitätssicherung für die Bauwirtschaft. Vortrag: Qualität im Siedlungswasserbau, Linz, 14.10.2009; in: "Qualität im Siedlungswasserbau - Qualitätssicherung bei Ingenieur- und Bauleistungen", Eigenverlag, (2009), S. 30 - 34.
„URL:http://publik.tuwien.ac.at/files/PubDat_178157.pdf [Stand 12.02.2012]".

Krems, B. (2010): 10er-Regel der Fehlerkosten - Beitrag im Online-Verwaltungslexikon olev.de, Version 1.2.
„URL:http://www.olev.de/0/10er-regl.htm [Stand: 29.01.2012]".

Krems, B. (2011): Qualitätsmanagement - Beitrag im Online-Verwaltungslexikon olev.de, Version 1.98.
„URL:http://www.olev.de/q/qm.htm#Quelle [Stand: 29.01.2012]".

Markl, E. G. (o.J.): Qualitätsmanagement Teil 1 - Skriptum zur Lehrveranstaltung Fachhochschule Technikum Wien.
„URL:http://www.scribd.com/doc/54630417/Skriptum-QM [Stand: 21.01.2012]".

Michel, S. (2001): Service Recovery - Universität Zürich, Lehrstuhl für Marketing.
„URL:http://www.dienstleistungsmarketing.ch/oldsite/downloads/artikel/michel/servrec_uni.pdf [Stand: 29.01.2012]".

Österreichische Gesellschaft für Thermografie (o.J.).
„URL:http://www.thermografie.co.at/files/qualitaetssicherung_am_bau.pdf [Stand 12.02.2012]".

QM-Aktiv (2001): Infobulletin 2001, Bundesamt für Bauten und Logistik, Sekretariat KBOB.
„URL:http://www.bbl.admin.ch/kbob/00493/00501/index.html?lang=de [Stand 03.02.2012]".

QM-Aktiv (2006): Infobulletin 2006, Bundesamt für Bauten und Logistik, Sekretariat KBOB.
„URL:http://www.bbl.admin.ch/kbob/00493/00501/index.html?lang=de [Stand 03.02.2012]".

QM-Aktiv (2007): Infobulletin 2007, Bundesamt für Bauten und Logistik, Sekretariat KBOB.
„URL:http://www.bbl.admin.ch/kbob/00493/00501/index.html?lang=de [Stand 03.02.2012]".

QM-Aktiv (2008): Infobulletin 2008, Bundesamt für Bauten und Logistik, Sekretariat KBOB.
„URL:http://www.bbl.admin.ch/kbob/00493/00501/index.html?lang=de

[Stand 03.02.2012]".

QM-Aktiv (2009): Infobulletin 2009, Bundesamt für Bauten und Logistik, Sekretariat KBOB.
„URL:http://www.bbl.admin.ch/kbob/00493/00501/index.html?lang=de
[Stand 03.02.2012]".

Schwerdtner, P. (2005): Qualitätsmanagement in der Bauwirtschaft als Mittel zur Konfliktbewältigung, IBB Institut für Bauwirtschaft und Baubetrieb, Technische Universität Braunschweig.
„URL:https://www.tu-braunschweig.de/Medien-DB/ibb/ibb_paper_2005-06_schwerdtner_ qualitaetsmanagement.pdf [Stand: 21.01.2012]".

Wällisch, T. (2009): Skript strategisches Management - Unternehmensführung.
„URL:http://www.waellisch.de/home/Unternehmensfuehrung.pdf
[Stand: 01.01.2012]".

Weeber, H.; Bosch, S. (2001): Bauqualität - Verfahrensqualität und Produktqualität bei Projekten des Wohnungsbaus, Kurzbericht aus einem Forschungsvorhaben.
„URL:http://www.weeberpartner.de/files/377_bq_Kurzbericht_dt.pdf
[Stand: 05.02.2012]".

Weyhe, S. (2005): Bauschadensprophylaxe als Beitrag zur Qualitätssicherung während der Bauausführung; Dissertation zur Erlangung des akademischen Grades Doktor-Ingenieur an der Fakultät Bauingenieurwesen der Bauhaus Universität Weimar; Professur für Baubetrieb und Bauverfahren.
„URL:http://www.weyhe-sachverstaendige.de/Veroeffentlichungen_Literatur/
SR_7-2005_Diss.Weyhe.pdf [Stand: 05.02.2012]".

Schriften:

Balak, M. et al. (2005): 1. Österreichischer Bauschadensbericht - Zusammenfassung, ofi-Institut für Bauschadensforschung (IBF).

Capgemini Consulting (2007): Change Management - Studie 2008, Business Transformation - Veränderungen erfolgreich gestalten.

IHK NRW (Hrsg.) (2011): Qualitätsmanagementsysteme - Ein Wegweiser für die Praxis, 2., überarb. Aufl., Düsseldorf.

Lanzinger, A. (2005): Bauwirtschaft und Baubetrieb - Mitteilungen Heft 27, System Project Target Control als Beitrag zur Verbesserung von Planungs- und Überwachungsprozessen, Technische Universität Berlin: Universitätsverlag der TU Berlin.

Quality Austria Trainings-, Zertifizierungs- und Begutachtungs GmbH (2011): qualityaustria - Leistungskatalog 2012 - Dok. Nr.: RE 24_00_40. Ausgabe: Juli 2011.

Quality Austria Trainings-, Zertifizierungs- und Begutachtungs GmbH (2011)[1]: Integrierte Managementsysteme - Die Position der Quality Austria Ausgabe 01/2011 - Dok. Nr.: RE 24_00_70, Positionspapier IMS. Ausgabe: August 2011.

Redling, A.; Walder, F.-P. (2012): Unternehmensqualität - Die Position der Quality Austria GmbH, 2. Ausgabe: Februar 2012.